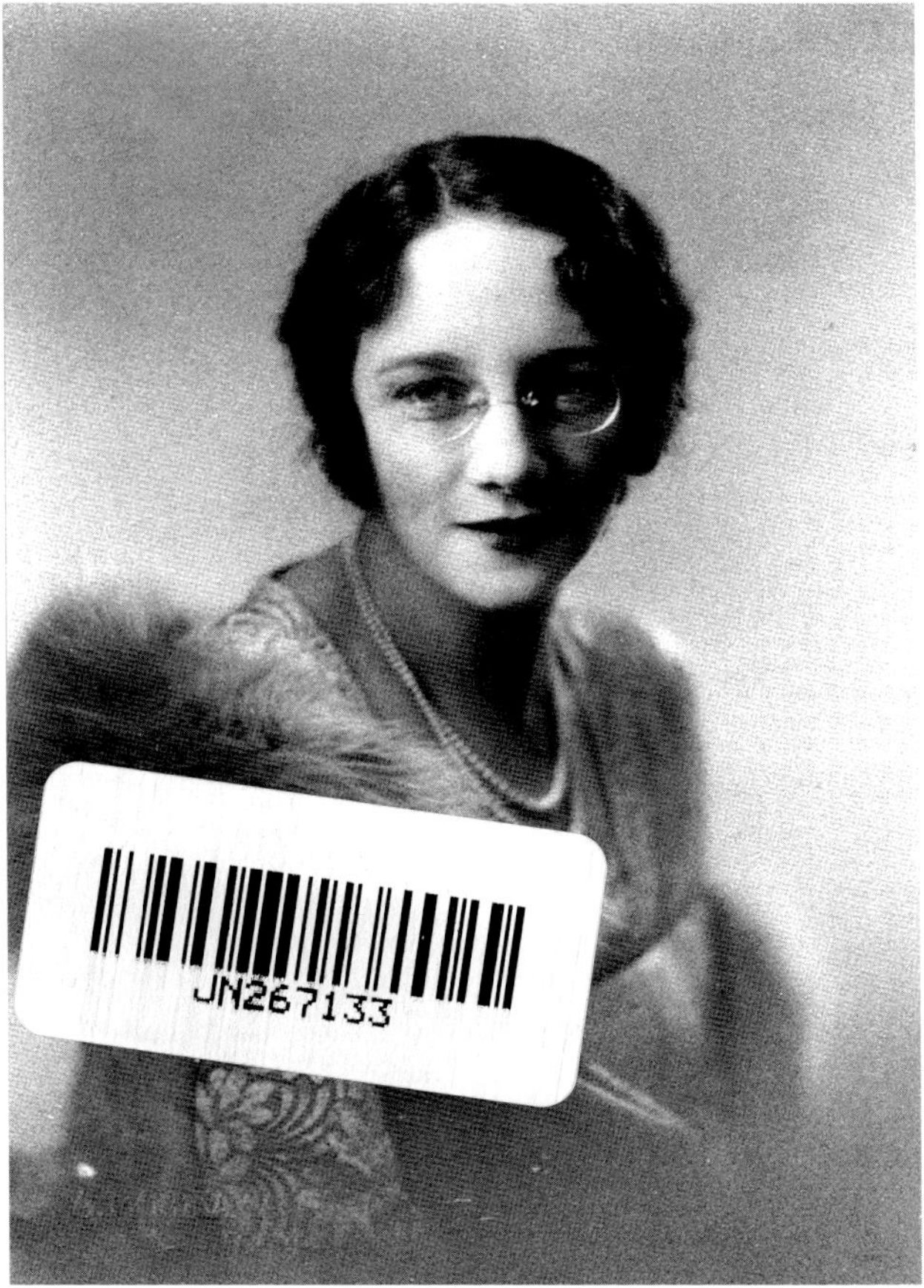

1933年、36歳の頃のリタ

リタの鐘が鳴る

竹鶴政孝を支えたスコットランド女性の生涯

早瀬利之

朝日文庫

本書は一九九五年五月、朝日ソノラマより刊行されたものを、大幅に加筆訂正したものです。なお、自伝・取材をもとに構成されたフィクションです。

目次

リタの鐘が鳴る

竹鶴政孝を支えた
スコットランド女性の生涯

序章　突然の来訪者

1　私たちにウイスキーを譲っていただきたい

一九四五（昭和二十）年十月中旬、カービン銃で武装した二台のジープが、札幌に駐屯したばかりの連合国軍総司令部から、砂塵を立ててとび出した。

二台のジープは小樽《おたる》へ向かう海岸道路を西へ西へと走った。

小樽市内を突き抜け、塩谷《しおや》の峠にさしかかると、さらに速度を上げた。彼らが目ざす先は余市《よいち》だった。

ジープが国道5号を急いだ理由は二つあった。

一つは余市に住むスコットランド人女性を庇護することだった。

大日本果汁（後のニッカウヰスキー）社長の竹鶴政孝《たけつるまさたか》の妻であるジェシー・ロベルタ・カウンは、戦時中に日本の特高警察の監視下に置かれ、精神的圧迫を受けてきた。彼女の存在はすでに米軍に伝わり、その無事を確認しに出かけたのである。

そして、もう一つはウイスキーの確保にあった。ウイスキーは戦争中、日本海軍に納品されていたが、廃棄される前に買い付けに行くのである。

二代目工場長の牛尾《うしお》元市《もといち》氏によると、「余市が空襲を受けなかったのは、このウイスキー工場と、リタさんがいたから」とのことである。

戦時中の余市には、小さな鉄工場と余市高等女学校を衣替えした急ごしらえの軍需工場があるぐらいで、米軍が空襲するほどの大きな軍事施設はなかった。工場らしきものは五万坪の広さのウイスキー工場だけであった。

ここでつくられたウイスキーは軍事物資とともに戦場に送られたが、戦況が不利になると太平洋上で船と共に沈むことが多くなった。以後、輸送手段のないまま、湿った余市の倉庫に眠っていたのである。

しかし余市はまったく無傷だったわけではない。一九四五年六月二十三日の明け方、一機のB29爆撃機が余市の上空に飛来している。七月十五日には、低空で飛ぶ艦載機がウイスキー工場を確認するように一度翼を左右に振り、そのあと、工場から二キロ先にある水産試験所に二発爆弾を落とし機銃掃射を浴びせたが、被害はなかった。

余市が狙われたのは、あとにも先にもこの時だけであった。そう遠くない函館は空襲を受け火災が発生し、少なくとも七十九名の死亡が確認されたが、余市にはそれ以外には一機も飛んでこなかった。駅も町役場もそのままだった。

カービン銃を手にした兵士を二、三人ずつ乗せた二台のジープは、木造の小さな駅舎の前に来ると、砂塵を上げてロータリーを一周した。やがて二百メートルほど先にある石壁の建物を発見すると、再び速度を上げ、開かれたままの門から中庭へ乗り入れて急停止した。
五、六人の兵隊がいっせいに銃をとり、工場の内と外に向かって防御の構えをとった。そのあと一人の将校がジープを降り、正面の小さな事務所のドアを蹴った。
「ミスター・タケツルに会いたい」

アメリカ西部訛《なま》りの英語には相手を威圧する響きがある。

事務所にいた竹鶴政孝は、突然の来客の姿に驚いたものの流暢《りゅうちょう》な英語で、

「私が、竹鶴です。よくこられました」

と応ずると、トレードマークのカイゼル髭《ひげ》をなでた。

将校は竹鶴の英語に、一瞬たじろいだ。それから思い直したように自己紹介をした。

「あなたの工場を見学に来たのではない。ここにあるウイスキーを、ぜひ私たちにお譲り願いたい。ここにはスコッチウイスキー以上の良質のウイスキーがあるはずです。調べはついている。それに――」

将校は声を落とし、意味ありげに言った。

「あなたのご夫人、ジェシー・ロベルタさんは、ご無事でしょうね」

「はい。今、連れて参ります」

竹鶴は事務員を自宅に行かせ、夫人を呼び寄せた。

間もなくジェシー・ロベルタ——愛称リタが将校の前に現れた。

蒼《あお》い目に鳶色《とびいろ》の髪をしたリタは、瘦《や》せて心なしか青白い顔をしていた。スパイの疑いで終戦直前まで特高警察に監視され続けて以来、ノイローゼ気味になり人間不信に陥っていた。

リタは縁なしの近眼鏡を指先で持ち上げ、将校に細い右手を差し出した。

「ご無事でしたか。我々は、あなたのことが心配でやってきました」

リタは、スコットランド訛りの英語で答えた。

「ごらんのように、主人の仕事を手伝っています。でも、飛行機がここにも来たんですよ。爆撃されるかと心配でした」

「ご無事でなによりです」

この日、米軍将校はリタの護身用にと、ライフル銃と百発の弾丸を置いていこうとした。リタはそれを「この町は平和なところだから」と断った。

すると将校は頷《うなず》いたあと、こう言った。

「もう、冬が近づきます。このあたりは熊が出没するはずですよ。お分かりでしょう？」

すかさず政孝が、

「そう、熊撃ち用に必要だ。ありがとう。そのかわり、私の方もプレゼントがある」

政孝は遠慮せずにライフル銃と弾丸を将校から受け取った。それから工場長の牛尾元市にウイスキー一ダース入りの木箱を持ってくるように命じた。

牛尾が裏の倉庫から、箱詰めしたウイスキーを担《かつ》いでくると政孝は将校に手渡した。

将校は喜んで、目を細めた。

「サンキュ！　オウ、サンキュ、ベリイマッチ」

左脇に軽々と木箱を挟《はさ》み、大きな手を政孝とリタに差し出して、握手をした。

英語の分からない従業員たちは不安げに見守っていたが、あとで竹鶴政孝に、ことのいきさつを聞かされ、頰《ほお》を引きつらせながら笑い合ったという。

2　未知の国にやってきたスコットランド女性

ニッカウヰスキー株式会社は、戦後の一九五二（昭和二十七）年に、社名を大日本果汁株式会社から変えた。ボトルのラベルに「ヒゲ」のイラストがあるウイスキーは今も親しまれ、見たことがある人も多いだろう。

竹鶴政孝は、スコットランド留学中からカイゼル髭をピンと伸ばしていた。リタと結婚した当時の写真を見ても、竹鶴政孝は顎《あご》の張った頑固そうな四角い顔にカイゼル髭をたくわえている。

ちなみに、竹鶴政孝がスコットランドでウイスキー製造法を実習していた頃は、アメリカが禁酒法に取り組んでいた時である。アメリカは、一九二〇（大正九）年に施行した合衆国憲法修正第十八条で、アルコール飲料の製造、販売を禁じた。アル・カポネが闇の世界で暗躍した時代である。

リタが日本人の留学生、竹鶴政孝とグラスゴーで結婚したのは一九二〇年一月のことである。家族に反対され、形だけの式を挙げた。竹鶴政孝二十六歳、リタ二十四歳だった。

リタと政孝は、その年の十一月、日本郵船の伏見丸《ふしみまる》で横浜港に着く。グラスゴーでは日本という国は教科書にも出ていない未知の国だった。一九〇五（明治三十八）年に、日本海軍がロシアのバルチック艦隊を日本海で破ったが、そのニュースはリタが子供のころ伝わってきたぐらいで、当時はまだ野蛮な国ジャパンでしかなかった。

一九二〇年、生活環境が全く異なる日本に来てからのリタは、文字通り苦労の連続だった。筆者は一九九三（平成五）年十一月、ケンブリッジに住む大学教授夫人のオリーブ・チェックランド女史から、リタについてのインタビューを受けた。女史から、

「リタは日本で幸せだったでしょうか？」

と質問された時、私はしばらくの間、答えに迷った。来日直後、大阪で過ごした新婚時代はともかく、それ以後、独立してウイスキーづくりで苦悩する夫を支え続けた気苦労を想像したからである。それに戦時下の特高警察による監視がある。ウイスキーを夫と一緒につくり、日本海軍に納めるという立派な戦争協力にもかかわらず、日本の警察は、ずっとリタを疑い続けた。この四年間の精神的圧迫と、また戦前・戦後の夫の事業での悪戦苦闘ぶりを支える姿を思うと、幸せだったとは言い切れない。かといって、不幸だったとも断定できない。しかし私はそれらのことを考え、

「苦労の方が多かったでしょう」

と答えるしかなかった。

ふと気づくとオリーブ女史は、目に涙をためていた。

そして、しばらくしてから別の質問をした。

「リタは、なぜ子供を産めなかったのですか？」

リタに子供がいないことに、何か引っかかるものがあるらしかった。答えきれないでいると、

「産ませてもらえなかったのですか？」

と、さらにたたみかけるように質問した。

リタは大阪時代に一度流産をしている。それ以降のことは分からないが、子宝に恵まれなかったことは事実である。その後迎えた養女とも離別している。

リタは悲しみや苦しさを忘れようとするかのように、工場の時を告げる鐘を毎日鳴らし続けた。自ら鳴らす軽やかな鐘の音を、リタはどんな気持ちで聞いたのだろうか。日本で夫と共に歩んだ彼女の人生は、果たして幸福だったのだろうか。私は改めて二人の生涯の足跡を辿《たど》ってみることにした。

彼女の来日後の住居は、大阪市阿倍野《あべの》区の高級住宅街、帝塚山《てづかやま》を振り出しに、京都・山崎、横浜、鎌倉、そして北海道の余市、湘南の逗子《ずし》、さらに余市と移る。最初に余市に移転したのは一九三五（昭和十）年の九月である。以来、その生涯の幕を閉じるまで、リタは余市を愛し、ほとんどを余市で過ごした。

リタが寒い余市を愛したのは、余市の風土が生まれた町、グラスゴーの北東にあるカーキンティロホに似ていたせいもある。

余市がカーキンティロホと似ているかどうかは、函館本線仁木《にき》駅から、余市を見るとよく分かる。仁木駅から余市に向かって鉄道は下りになるが、左右に緩やかな山並みが海に向かって低くなる。

リタは、六十四年の生涯を余市で閉じた。彼女の遺体は夫・政孝により、リタが愛した、カーキンティロホのクリスヒルに似た美園《みその》の丘に埋められた。

そこに立つと眼下に赤い屋根のニッカウヰスキー工場が見える。また視線を墓石から海の方に向けると、小樽市が望める。その延長線にはスコットランドがある。

リタの墓碑には、「リタ・タケツル。一八九六年十二月十四日生まれ、一九六一年一月十七日死す」と英文で刻まれている。

第1章　恋しきグラスゴー

1　スコットランドでの出会い

リタは一八九六（明治二十九）年十二月十四日、スコットランドのグラスゴー郊外カーキンティロホでカウン家の長女として生まれた。

父サミュエル・キャンベル・カウンは開業医だった。妻のロビーナとの間にはリタに続いて三つ下の妹エラ、さらにルーシー、そして末っ子の男の子ラムゼイの四人の子供が生まれた。

長女のリタは病弱だった。喘息《ぜんそく》気味で、そのうえいつも偏頭痛に苦しんでいる。外に出るのがあまり好きでなかったリタは家事を手伝い、ピアノを弾き、本を読む日々が多かった。

父親は出無精で体の弱い長女が気がかりで、なんとかして社交性に富んだ娘にしたく、色々とやってみるが、引っ込みがちな性格は直りそうもない。

リタに比べると、次女のエラ、三女のルーシーは活動的だった。特にグラスゴー大医学部生のエラは積極的な娘で、姉のリタが行動に移さないと、自分が代わって何でもやってしまう。ルーシーも同じくお転婆で、弟のラムゼイにあれこれ命令して遊ぶ。

少女時代のリタは面長で線の細い顔をしている。

病弱なリタは十五歳の頃には学校に通えず、両親は個人教授を頼んで勉強をさせたこともあった。

リタが健康を取り戻すのは、カーキンティロホから列車で二十分ほどの距離にあるグラスゴー学院に通いはじめた頃だった。リタを心配していた父親のキャンベルをほっとさせている。

グラスゴー大学医学部出で親日家であったキャンベルは、竹鶴政孝が初めてカウン家を訪れたときにはすでに亡くなっていた。政孝が後年したためた自伝『ウイスキーと私』の中で、リタから聞いた、義父のことをこう書いている。

「リタの父は、〝医は仁術なり〟を主義としていた人で、どんな真夜中でも、いやがらずに自分で車を運転して診察に出かけていった。そのため町の人たちからは、慈父のように慕われていたが、そんな過労が重なり合って倒れ、そのまま急逝した」

リタにはジョン・マッケンジーという士官学校生徒の許婚《いいなずけ》がいた。リタがジョンと

少女時代のリタのポートレート

知り合ったのは、最も体調がすぐれなかった十五歳の夏だった。ジョンの家はグラスゴーにあったが、この夏のホームパーティーで、両家の親同士は二人を結婚させようと話し合っていた。

ジョンは高校を卒業したばかりの十七歳で、ロンドンの陸軍士官学校行きが決まっていた。読書家で、将来はジャーナリストを志望していた。

二人はクリスマスの夜や誕生パーティーなど、一年に四、五回、顔を合わせている。しかしリタ自身はあまり乗り気ではなかった。その後、何回かデートを繰り返しているうちに、やっと気持ちがジョンに傾いていく。

一九一四（大正三）年七月、オーストリアの皇太子暗殺に端を発した第一次世界大戦が勃発した。士官学校を卒業したジョンにも出動命令が下る。

リタは、グラスゴー駅から戦地に赴《おもむ》くジョンを、妹たちと見送りに行った。しかしそれが最後となってしまう。ジョンは戦死したのである。リタは、この悲報を聞くと、二日も三日も部屋に閉じ込もったまま、出てこようとしなかった。

カウン家は、グラスゴーから北東へ約二十キロほど先のカーキンティロホという小さな町の中心部にあった。ミドルクロフトと名づけられた建物で、町では、大きな建物の一つである。土地は約一エーカーと四分の一、車庫が二つあり、三階建ての家には寝室が九つ、客間が四つ、それに診察に使う部屋がある他、裏手には手術室と二つの待合室があった。

しかし父親のキャンベルが、四十七歳で亡くなってから、収入が断たれて、一家の生活は苦しかった、治療した患者からの未納分は、オリーブ・チェックランド女史の『リタとウイスキー』によると「四百人近くの患者から、総額五一四ポンドという大きな額」で、「一五五人分の二八〇ポンドは支払われる見込みはあったが、一三一人分の一二七ポンドは見込み薄。そして残りの一〇八ポンドについては取り立て不能」というありさまであった。

のちにリタの実家はカーキンティロホ市当局に売却されている。一説では、ダンバートン郡に占有権が一般登録された、とも言われる。

ちなみに竹鶴政孝は、一九一九年一月か二月には、カウン家で下宿生活に入っているようだ。彼が支払う下宿代が、幸いに一家の生活費の一部となったことだろう。

ここに一枚の写真がある（21頁参照）。石段の上に立つ四姉弟で、向かって右にリタが黒いドレスを着てやや半身になって立っている。中央には弟のラムゼイ。半ズボンに学校の三つボタンの制服姿。両手をズボンのポケットに入れ、後ろの姉たちに寄りかかるように得意げに体を反らしている。

ラムゼイの左後ろには三女のルーシー。右後ろには次女のエラ。

カウン家は両親とも蒼い大きな目をしていた。

石段に立つ四姉弟の写真は、すでにリタがグラスゴー学院の文学部を卒業したあとに写されたものである。

許婚だったジョンの戦死から二年後のことで、リタはすでにジョンの戦死の悲しみから立ち直っていた。

2 竹鶴の生い立ち

後にリタが結婚する竹鶴政孝は、一八九四(明治二十七)年六月二十日、広島県竹《たけ》原《はら》町(現・竹原市)の製塩と酒造業を営む竹鶴家の三男として生まれた。父は竹鶴敬次郎《けいじろう》、母はチョウ。二人は四男五女の子宝に恵まれる。長男は甲一《こういち》、順に長女トシ、次女エイ、三女ノブヨ、四女アヤコ、次男可文《よしふみ》、その三歳下の弟が政孝である。政孝の下に五女沢能《さわの》、その下に末弟の弥蔵《やぞう》が生まれた。

竹鶴政孝の父敬次郎は愛媛県三芳町(現・愛媛県西条市)の生まれで、竹鶴家の分家の婿養子に入り、チョウと結ばれる。養子前の姓は杉である。長女のトシはこの杉家に嫁いでいる。

政孝の母チョウには厚三郎《こうざぶろう》という伯父《おじ》がいて、竹鶴家の本家だった。ところが竹原町に流行したコレラで亡くなった。政孝の両親は「浜の竹鶴」と呼ばれる分家だった

左よりルーシー、ラムゼイ、エラ、そしてリタ。カウン家の前で

が、後見人として本家に入った。

竹鶴家の本業は製塩業で、冬期は酒をつくっていた。このため使用人は一年中失業せずにすんだ。

瀬戸内海沿岸での製塩業は、江戸時代に赤穂《あこう》から竹原に伝わり、尾道《おのみち》や呉《くれ》方面に広まっていった。竹原一帯は江戸時代から明治・大正時代まで製塩で栄えつづけた。

竹原の町は、尾道と呉の中間にあり、三方が山だ。南側は瀬戸内海に向かって開けている。安芸《あき》の小京都と呼ばれ、今でも古い家並みが残る。この町での酒づくりは、江戸時代から製塩業の副業として盛んになったのだった。

竹鶴政孝のウイスキー哲学は父敬次郎の影響を大きく受けている。父は「酒はつくる人の心が移るもんじゃ。酒は、一度死んだ米をまた生き返らせてつくるもの」と教えている。

しかし酒づくりはつらかった。二人の兄は家業を継ぐのをきらって竹原町を出て行った。長男の甲一は早稲田の商科を卒業すると従兄《いとこ》と二人でシンガポールへ渡り、ゴム栽培を始める。次兄の可文は六高から九州大学工学部に入り、卒業後は北海道炭礦《たんこう》汽船に入社し、北海道へ渡る。

「結局、家業を継ぐのは私しかいなくなった。学校でも理科は得意だったから、両親はますます私に期待した。私は酒屋という古めかしい商売には抵抗を感じながらも、学問的な興味も手伝って、大阪高等工業（現在の大阪大学）の醸造科を受験して入学した」

竹鶴政孝は自伝の中でそう記している。

中学は二里（約八キロ）先の忠海《ただのうみ》中学である。わんぱく少年だった政孝は、二里の道を兄や仲間と一緒に通学した。片道二時間である。前の晩に朝食・昼食の二食分の弁当をつくってもらうと、まだ暗いうちに家を出た。そして途中の峠で朝食の弁当を食べる。

二学期になると通学が大変だというので福田村に一軒家を借り、そこで兄可文と自炊生活を始めている。しかし三つ上の可文が卒業すると、政孝は下宿生活に変わり、三年になってからは寮に移った。

この寮は上下の規律が軍隊のように厳しかった。下級生は上級生の身の回りの世話までさせられる。

政孝の下級生の中に、後に総理大臣となる池田《いけだ》勇人《はやと》がいた。池田は政孝の布団の上げ下ろしをしている。

政孝が柔道部に入るのは、この忠海中学の時である。わんぱくぶりは寮長になってからも変わらない。

池田は当時の竹鶴のことを、

「竹刀を持って部屋を見回りにくる寮長の竹鶴さんは柔道でならしており、怖いという感じだった」

と語っている。

自宅の階段から落ちて鼻を強打し、七針も縫うほどの怪我をしたことがある。彼の鼻はこの時の怪我で、ワシ鼻のように大きくなってしまう。しかしそのお陰でかえって鼻がよく通るようにもなった。

「人が感じないニオイを感じるようになり、のちに酒類の芳香を人一倍利き分けられるようになった。人生というものは不思議なものである」と書いている。

3 竹鶴君、スコットランドに行ってみる気はないか

大阪高等工業学校醸造科を卒業するのは、一九一六（大正五）年四月である。卒業の年の正月、郷里に帰っていた竹鶴は、十二月には徴兵検査があり、兵隊から帰ったら家業を継ぐことになるが、それまでの期間は、醸造科で洋酒づくりを学んだ経験を生かそうと決めた。

当時、洋酒メーカーは日本に数社あったが、一番大きいのは大阪・住吉《すみよし》にある摂津《せっつ》酒造だった。彼はこの会社に入りたいと思い、学校の卒業名簿を調べてみた。ここに

は醸造科の第一期卒業生の岩井《いわい》喜《き》一郎《いちろう》が入社していて常務だった。

この岩井から十四期生の竹鶴まで同じ学校からは誰も入社していない。そこで竹鶴は岩井に面会して入社を頼んでいる。ちょうど学校の卒業試験が終わった日だった。試験を終えたその足で大阪・大江《おおえ》橋《ばし》から電車に乗り、摂津酒造を訪れる。そしてすぐに採用されることになった。

摂津酒造は一九〇七（明治四十）年からアルコール製造を始めている。四年後にはそのアルコールを原料にした模造品のウイスキーをつくった。摂津酒造は販売はしていない。小西儀助《こにしぎすけ》商店、寿屋《ことぶきや》（後のサントリー）、外山《とやま》商店、越後屋《えちごや》といった酒類販売会社から委託されて注文の洋酒をつくっていた。

販売会社の中で一番古いのは、小西儀助《こにしぎすけ》商店である。大阪・道修町《どしょうまち》で薬種《やくしゅ》問屋をしていた小西儀助は、一八七七（明治十）年、ブドウ酒や模造品のリキュールやブランデーを売り始めた。後に寿屋を大阪の自宅で創業する鳥井信治郎《とりいしんじろう》も一時期ここで働いている。鳥井は独立後、クニ夫人と一緒に大阪・住吉の自宅にビン詰め工場を建て、赤玉ポートワインなどを販売している。

当時、この赤玉ポートワインの製造を担当したのは、摂津酒造に入社して間もない竹鶴政孝で、よく売れた商品のひとつだった。

その頃の洋酒業界は第一次世界大戦中から売り上げが伸び、好景気だった。なかで

も摂津酒造は一九一八（大正七）年から二〇（大正九）年にかけての二年間は黄金時代だった。やがて社長の阿部喜兵衛《あべきへい》は、

「ほんまものをつくってやるわい。スコッチウイスキーや。いつまでも模造品の時代やない」

と考えるようになる。ある日、阿部は竹鶴政孝を社長室に呼んだ。そしてスコットランド行きを打診する。

「竹鶴君。君はスコットランドに行ってモルトウイスキーを勉強してくる気はないか。わが社のウイスキーは今は売れているが、いつまでも模造品の時代が続くわけではないし、品質にも限界がある。君にその意思があれば本場のスコットランドに留学して、その技術を習得してきてほしいのだが」

政孝は天にも昇る思いだった。

阿部はその後、広島の竹鶴の実家を訪れ、息子の政孝の留学を説得した。折よく忠海中学の先輩でアメリカに移民し、イチゴ栽培に成功した高井《たかい》誠吾《せいご》が夫婦で帰国していた。高井は政孝のスコットランド留学の話を耳にして、住吉の摂津酒造を訪ねてきた。そして阿部喜兵衛に、竹鶴政孝の渡英の際、サンフランシスコに寄りサクラメントのブドウ酒工場実習を勧める。

政孝の渡英ルートが通常の香港経由ではなくてアメリカ経由に変わったのは、この

ブドウ酒工場実習がスケジュールに入ったからだった。

４　リタとの出会い

一九一八（大正七）年七月三日。

竹鶴政孝は、神戸港を出港する東洋汽船の天洋丸《てんようまる》に乗り込んだ。天洋丸は上海を出て長崎、神戸と寄港し、横浜、ホノルル経由でサンフランシスコへ向かう貨客船だった。

神戸からサンフランシスコまでは二週間ほどかかった。七月十九日、サンフランシスコに着くと、高井が自分の車で迎えにきていた。サンフランシスコの町について、竹鶴政孝はこう書いている。

「初めて見る外国の町のメイン・ストリートの建物や商店の豪華なのにはびっくりした。日本から持って行ったドル札で買い物をすると、ピカピカの金貨がおつりでどっとくる。次の買い物もドル札を出す。また金貨のおつりがくるので、たちまちポケットがいっぱいになり、その金貨の重さで歩くのに困った」

当時一ドルは二円。一ポンドが八円である。

カルチャーショックを受けた竹鶴は高井に案内されて、バンク・オブ・アメリカのジャンニーニ一族が経営しているカリフォルニア・ワインの工場で実習する。昼間は工場実習とブドウ酒製造法の勉強、夜は英会話スクールで学んだ。

そのあと、サクラメントから汽車に乗り込み、ロッキー山脈を越えて、テキサス、アトランタ、グリーンズボロを通り、ニューヨークへ出た。

ニューヨーク港周辺はアメリカ西部と違い、第一次大戦の最中ということもあって、物資輸送に騒然としていた。イギリス行きの旅行ビザもすぐには下りず、竹鶴は一カ月間、ニューヨークに釘づけにされた。

やっとビザが下りると、竹鶴はイギリス・リバプール行きの客船オルドナ号に乗り込んだ。リバプール港に着いたのは十二月の深夜である。

竹鶴は事前に留学先を決めていたわけではなかった。行き当たりばったりに聴講許可を交渉することになる。幸い彼の英語は多少アメリカ訛りはあったが、なんとか通じた。航海中の船内でイギリス人と話したことも自信につながっていた。

翌朝、リバプールのマージ河口にかかる長い桟橋を渡ると、リバプール駅からエジンバラへ向かった。途中、マンチェスターで乗り換えて六時間後にエジンバラのウエバリー駅に到着。

そこからエジンバラ大学を訪ねている。だが、ここは創設から三百年ほどたつイギリス最古の大学だが、ウイスキーづくりに関係する応用化学はなかった。竹鶴は仕方なく、エジンバラをあとにする。

汽車で三時間ほどかけてグラスゴーに着くと、ロイヤル工科大学（現・ストラスクライド大学）を訪ねようと決めた。そこでは応用化学を勉強できると知ったからだ。

受付で英文の卒業証明書を示し、外国人聴講生入学の手続きをとった。そしてウィルソン教授と知り合い、「日本からとは、大変なことだ。それなら、この本を読んでみなさい」と勧めたJ・A・ネトルトンの「ウイスキー並びに酒精製造法」の翻訳に取り組むことになる。

彼はまた、グラスゴー大学の講座も受講し、図書館に足繁く通った。高い下宿代を支払いながらの図書館通いである。

リタの妹、エラがこの図書館で政孝を見たのは、そうした頃だった。エラにしても日本という国のことは何も知らない。日本人を見るのも初めてだった。黒髪、筋肉質、黒い目の竹鶴を、ウィルソン教授同様、スペイン人と間違えた。

しかし声をかけてみると、その英語はスペイン訛《なま》りではない。縁なしの眼鏡をかけた日本人だった。

カウン家で、奇妙な日本人のことが話題になっているとも知らず、竹鶴は下宿から毎日、図書館に通っていた。

ある日、エラは、弟のラムゼイに柔術を習わせようと、竹鶴政孝をカーキンティロホのカウン家に招待した。ラムゼイは、第一次世界大戦でロシア軍を破った日本に強い関心をもち、柔術家に憧れていたが、日本という国は香港の隣にある小さな島だというくらいの知識しかなかった。

竹鶴政孝は広島の忠海中学（現・忠海高校）時代から柔道部にいて、主将だった。歩き方や立ち方にも柔道の癖が出ている。例えば一九一九年六月二十日、スコットランドのウイスキー工場前で撮った記念写真では、両足を「逆八字形」に踏ん張り両手を腰に当てて、まるで柔道の構えをしている。

竹鶴としても、これまで学校の勉強に明け暮れ、またある日はホームシックにかかって泣いたりと、地元の家庭など無縁のものと思っていた。そんな時の、カウン家のティー・パーティー招待である。

スコットランドでは午後三時頃、ホームメイドのケーキと紅茶で気の合う仲間とひと時を過ごす習慣がある。互いに自分たちで焼いたクッキーなどを自慢し合う。この間食のことを、ハイティーと呼んだ。カウン家に招待されるまで、竹鶴はハイティーの習慣を全く知らなかった。

カーキンティロホへはグラスゴーから汽車で二十分ほど北東へ行き、さらにバスに乗る。郊外の小さな町である。

竹鶴は、エラに招待されて喜んで出かけた。

1918年６月。渡英前、24歳の頃の竹鶴政孝

竹鶴がリタと会ったのは、この日が初めてだった。竹鶴はこの時のことをこう書いている。

「大きな、きれいな目で私を見つめていた女性がいた。それがリタだった。私がホームシックで悩まされていた話をした時、彼女は私に聞きとれない言葉を、小さく呟《つぶや》いた」

二度目に会ったのは十二月の後半で、妹のエラの計らいだった。エラは、図書館で資料を読んでいる政孝に会わせようと、姉のリタを連れてきていた。

そして校内の広場で、約二時間近く世間話や、日本の話などをしている。政孝は、ほっとしたような気分に浸ることができたのである。

それからも、誘われるままたびたびカウン家を訪れた。当初の目的を果たすべく、弟のラムゼイに柔道を教えている。

まず柔道の歴史を語り、日本では中学生になると全員、柔道や剣道をやらねばならないということを話すと、ラムゼイは感動して大きな目をむいた。

「ぼくが言ったとおりだろう。日本人はみんな柔道をしているからロシアに勝ったんだって！　ぼくは、柔術家になるんだ。友達を驚かせてやるぞ」

庭に出て、竹鶴は柔道の基本技を教えた。まず両足を開き、腰に手を当てて胸を張る。そして、両腕を伸ばし右手で相手の襟《えり》を、左手で相手の右肘《ひじ》のあたりをつかむ。

その形で「前、前、アト、アト」と、足の送りを練習する。それから同じ構えのまま、横へのすり足を教える。

そこまではダンスと変わらない。しかしラムゼイは二人を見守る姉や母親の前で得意だった。すり足がスムーズにできるようになった頃、竹鶴は前に出てくるラムゼイの左膝《ひざ》に自分の足をかけ、右へ捻《ひね》った。するとラムゼイの体は空を切って前方へ転がった。母親は思わず声を漏らす。

「オー、マジック！」

ラムゼイは茫然《ぼうぜん》とした顔つきで、立ち上がった。

次に、出てくる足を左足で反対に払った。出足払いである。今度は真横に倒れた。次に行ってみると、ラムゼイは今度は竹鶴に技を仕掛けてきた。竹鶴が倒れると、まるで秘伝をマスターしたかのように大喜びした。

母親も姉たちも、二人の男の柔道に感心して、やがて竹鶴に「部屋が余っているので、下宿しませんか」と誘うようになった。

彼は、一九一九年三月四日には、四月からのロイヤル工科大の有機化学と無機化学コースの講座の受講手続きをとった。そしてウィルソン教授から「実習したいなら、エルギンのJ・A・ネトルトンを訪ねなさい」と紹介してもらうことになる。

四月十八日、グラスゴーからエルギンにあるネトルトンの家へ向かった。しかし、ウイスキー蒸溜の実習をしたく工場を紹介してもらおうとするが、高額の紹介料が支払えず、ネトルトンの家をあとにすることになる。

その夜、彼はエルギン駅のステーションホテルに泊まった。このまま黙ってグラスゴーに帰るわけにはいかない。竹鶴は地元の人に頼み込み、実習をさせてくれる蒸溜所はないかと、聞いてまわったのだった。

ローゼスからさらに南へ一キロ行った山の中にロングモーン蒸溜所があった。もしかしたらそこならば受け入れてくれるかもしれないと聞くと、竹鶴はまっすぐに向かった。

驚いたことに、ロングモーン蒸溜所の経営者J・R・グラントは、「数日間なら」との条件で実習を許してくれたのである。竹鶴は、エルギンへ戻ると宿を見つけて、四月二十一日から二十五日までの五日間、実習を体験する。

初めて工場実習に行ったローゼス地方の人たちについて、こう記している。

「スコットランドのローゼスの人たちは、親から子へ、子から孫へと受け継いできたウイスキーづくりの伝統を黙々と守りながら、教会を中心として静かな生活をしていた。素朴で親切な人ばかりであった。北の国だけに冬は日が非常に短いかわりに、夏は夜半まで明るい。夜はホテルにあるバーに集まったり、外でグリーン・ボウリング

ニコル製造主任と竹鶴政孝（1918年）

に興じたりするのが、この地方の人たちのせいぜいの娯楽であった。私は毎日この町から汽車に乗ってロングモーンの蒸溜所に通ったのだ」

このロングモーン蒸溜所の支配人グラントは、従業員と一緒に働いて実習を続ける竹鶴に「ウイスキーづくりの勉強はゴルフと同じだ。本を読んだだけ、見ただけでは絶対ダメなんだ。からだで覚えるものだ」と教えた。

竹鶴は釜の掃除をしたり、麦を乾燥させたりと、労働に汗を流した。そして習ったこと、見たこと、蒸溜機を叩いてその響き具合で蒸溜の進み方を探ったことなどをノートにしたためた。最後の日は、保税倉庫まで見学させてもらった。

第2章　カンベルタウン

1　竹鶴のウイスキー修業時代

リタは、弟のラムゼイが柔道を教わって元気になり、学校でも人気の的になったと聞くと、素直に喜び、竹鶴に感謝した。その上、たった独りでグラスゴーまで来て、スコットランドの文化であるウイスキーの製造技術をマスターしようとする姿に心をうたれた。

勤勉家の竹鶴は、ロングモーン蒸溜所での実習から戻ると、七月にはボーネスの蒸溜所で三週間、グレンウイスキーの造り方を学び、その秋にはブドウ酒の勉強のためにフランスへ渡ろうとした。グラスゴーからロンドンに行き、さらにロンドンのビクトリア駅からカンタベリーを抜けてドーバー港へ出る。そこから船でドーバー海峡を渡り、カレー港に着いた。ボルドーでは手あたりしだい、いろいろなブドウ酒工場を見学している。

竹鶴はひと月後にグラスゴーに戻ってくる。その時彼は、フランスで買った香水をリタにプレゼントした。

竹鶴は、自分が仕込んだウイスキーの出来ぐあいを知りたくて、その年（一九一九年）の冬に、再びグラスゴーからロングモーン蒸溜所に入った。次のウイスキーの仕込みで、村全体が賑わっていた。

竹鶴は安い下宿に泊まり、再びウイスキー相手の毎日に戻った。ロングモーン蒸溜所があるスペイサイドという地域、それも北海に面したハイランド地方は、十月になると雪が降り出し、十二月に入ると雪に閉ざされる。

しかしウイスキー相手の生活は楽しかった。工場にいる間はリタのことも忘れていた。だが下宿に戻ると、ふとリタのことを思い出して手紙を書いた。その内容はほとんどがウイスキーの話ばかりである。

この頃、竹鶴はウイスキーの成熟に驚きこう記している。

「樽の中ではウイスキーが一年で驚くような変化をしていた。一年前に自分たちで蒸溜し、樽に入れた原酒が、薄い色をつけて次第にウイスキーらしくなっていた。年代ものの各樽も一年間に熟成の度合を深めていた。年月と熟成の不思議な関係は、私には初めての体験であり、一人で興奮したのを覚えている。この頃になると、私のノイローゼも不思議と治っていた」

ウイスキーづくりを完全にマスターできていない焦りと、ホームシックのせいで、竹鶴はノイローゼ気味だった。しかしロングモーン蒸溜所での実習経験が、彼の焦りを和らげていった。

だが、ウイスキーづくりは工場で実習しているものの、まだ樽に入れたばかりで、製品を見ていない。ウイスキーはモルトがつくれても、ブレンドができなければ本物にはならない。竹鶴はまだほんの入り口の部分しかマスターしていなかったのである。

「こんなことではいかん。グレーンウイスキー（穀類が原料）ができんではどうにもならん」

竹鶴は、次に実習できる蒸溜所を探していた。

2　竹鶴とリタの恋

竹鶴がスコットランドに来てから一年近くが経とうとしていた。一九一九（大正八）年、その年、カウン家ではクリスマスのために、何カ月もかけて準備をしてきた特製のケーキをつくった。プディング・ケーキといって、グラスゴー地方では各家庭の楽しみのひとつだった。

ケーキの中に六ペンスの新しい銀貨を入れたり、裁縫に使う指ぬきを入れたりする。

「六ペンス銀貨の入ったケーキが当たると金持ちになれる。指ぬきが入っていれば、いい嫁さんになれる」という謂《いわ》れがある。

それぞれが好きなケーキをとり、ナイフを入れて切る。その時に、ケーキの中に入っていた物で、その人の運命を占う。

この日、リタのケーキには指ぬきが入っていた。それは結婚を意味した。

竹鶴政孝のケーキからは、六ペンスのピカピカの銀貨が出てきた。事業に成功して金持ちになれる、というわけだ。そしてリタは金持ちの竹鶴と結婚できるということでもある。

大歓声が上がった。

母親のロビーナは、竹鶴政孝に好意的だった。しかし、長女のリタが竹鶴と結婚するとなると、必ずしも積極的だったとはいえない。

果てしもなく遠い日本――。地球の反対側の、船で行くとなるとスエズ運河を経て、インド、シンガポール、香港、上海と四十日余りの航海を要する国。そこへ長女のリタが嫁ぐとなると、二度と会えないような気がした。

しかし政孝とリタは、もう離れ離れになっていられぬほどお互いのことを想い合っていたのである。

竹鶴は、年明けにはキンタイア半島のカンベルタウンに、最後の実習に出かけることになっていた。帰国予定は秋で、余り時間もなかった。

フランスから帰って間もなくの頃、彼はロイヤル工科大のウィルソン教授を訪ね、より詳しいウイスキー作りを学びたいと、相談している。ウィルソン教授は、

「それなら、イネー博士がいい。私の紹介と言えば、協力してくれるよ。よろしくと伝えてくれないか。私がワット博士に次いで尊敬する人だよ」と言って紹介状を書いてくれたのだった。


二人の結婚話が具体的になるのは一九二〇年一月のことである。スコットランド女性は貞操観念が強く、きちんと結婚式を挙げない限り、行動を共にすることはない。竹鶴とリタの交際もそうであった。

母親のロビーナだけでなく妹たちも、リタが結婚して日本に行くことに不安だった。このままグラスゴーにいて一緒に生活することを望んでいたのである。竹鶴自身も、結婚して、このままスコットランドに残ってもよい、とリタに話している。しかし竹鶴のスコットランド生活に反対したのは、リタその人だった。

「あなたの夢は日本でウイスキーをつくることでしょう。どうして夢を捨てたりするの！　私は母や妹たちに反対されても日本に行きます。母を説得します」

（あなたの力になります）

と言いたかったが、言葉にならなかった。

最終的に家族の中で協力してくれたのは末妹のルーシーだけだった。覚悟を決めたリタは、登記所結婚の方法をとることにした。

この方法は、通常の教会結婚と違う特例措置で、結婚に際しては両親の許可は必要なく、十六歳以上の二人の立会人がいれば条件を満たしたことになる。幸い、友人のジェシー・アンダーソンと、十六歳になるルーシーが同意し、協力してくれることになった。

一九二〇（大正九）年一月八日。竹鶴政孝とリタ、それに立会人のルーシーとアンダーソンの四人は、グラスゴーのカルトン登記所へ出かけた。そして二人が夫婦になったことを宣誓した。

その場で、ラナークシャー州長官代理人のジェイムス・ムーア登記官がサインした。

しかしこの結婚は、母親のロビーナや妹のエラ、それに弟を不幸にすることになると、政孝も苦しんだ。教会の祝福が得られなかったからである。

彼は誓った。そして自分にこう言った。

「リタ。お前を誰よりも幸せにしてみせる。いつか、家族を日本に招待して、喜んでもらう。桜の頃がいいな。必ずだ――」

竹鶴とリタは、グラスゴーの港からカンベルタウンに向かった。船はクライド湾を南下した。そこからは、彼が子供の時から見て育った瀬戸内海にそっくりな海と島の風景が続く。

「長くなる。多分五月までは戻れないと思う」

「あなたと二人なら大丈夫です」

二人は凪《なぎ》の海を見つめながら、手を握った。

彼の鞄の中には、広島の実家から取り寄せた、日本酒をつくる際に必要な種麹《たねこうじ》が入っていた。イネー博士への土産品であった。

博士はキンタイア半島の最南端の町カンベルタウンにいた。博士はウイスキー界の権威であり、有名なブレンダーでもあった。

政孝は、イネー博士の下で、五月まで楽しく勉強した。

彼は、カンベルタウンを発《た》つ前に、二冊の実習ノートをまとめている。表題に『一九二〇年、カンベルタウンにて』とある。いずれもポットスチル（単式蒸溜機）・ウイスキーについての報告で、これまでの実習体験がイラストと写真つきでまとめられている。

その中の「報告一」では、原料、麦芽製造に始まり、労働問題、販売方法についてまで詳細に記してある。

もっとも、政孝はロングモーン蒸溜所にいた時に、ポットスチル・ウイスキーについての報告書を、二冊の大学ノートにまとめたが、この報告書は完全といえるほどの研究論文に仕上がっていた。

この論文の中で竹鶴は、摂津酒造が大阪の酒類販売店の下請け的な製造にとどまっていることを暗に批判している。従来の販売方法から、自社製造・自社販売に変えることで、ユーザーの信用を獲得し成功するのだと、報告書は主張している。

カンベルタウンでの実習は最後のものであり、竹鶴は帰国の準備に入っている。報告書の末尾にも自ら書いているが、彼の心はすでに故国日本の空に飛び、本社の人々との再会を心待ちにしていた。

あとはいよいよ日本で工場をつくり、ホワイトホースのように、自社で製造し、自社の商標で売るウイスキー製造に取り組むことだけだった。

だが、ウイスキー製造技術と労務管理、販売方法などをほぼマスターした彼の前に、ひとつの難問が残されていた。

リタと結婚したことである。

日本の両親は、息子が国際結婚をするなどとは信じられないだろう。またリタの母親ロビーナ、妹のエラや弟のラムゼイまでもが、日本に嫁いで行くことにまだ賛成し

1920年、カンベルタウン蒸溜所でイネー博士と

てくれていなかった。

竹鶴政孝は、摂津酒造の阿部社長にもリタとの結婚を手紙で相談している。しかし好意的な返事はまだない。

待てど暮らせど、返事はなかった。

やがて、思い悩む竹鶴の元へ、予想もしない一通の電報が届いた。

第3章　さようならグラスゴー

1　さびしい結婚式

「ワレ　イギリスへ　イク　アベ」

摂津酒造社長・阿部喜兵衛からの電報は竹鶴とリタを驚かせた。

阿部は社業多忙のさなか、広島の竹鶴政孝の実家を訪ねている。リタとの結婚に頭をいためていた両親の相談に乗るなど、阿部も心配していた。

阿部はこの頃、ウイスキーづくりに燃えていた。本物のウイスキーをつくり、得意先からの注文に応じたいとの夢を、竹鶴以上に持っていた。

「どうしたらええものかの。後継ぎがいなくなったと思ったら、今度はイギリスの女と結婚とはの――」

やはり両親は反対だった。

「私が、イギリスに行って、確かめてきますわ。どんな女か見てきましょう。悪い女につかまって日本に帰らなくなったら、ウイスキーづくりは駄目になりますよって。この私が、行ってきますわ」

やがて竹鶴の両親は、阿部がリタに会ってみて「良い」と認めたら、結婚もやむをえないとの考えに傾いていく。

阿部は大阪に戻ると、さっそく、渡航手続きをとる。旅券をとり、ビザを申請し、神戸を出る船の都合を調べてから、竹鶴の下宿先に電報を打った。

数カ月後、阿部社長がロンドンにやって来た。

阿部は長い船旅と汽車旅に疲れている様子だったが、二人に気づくと手を振った。

「お疲れさまでした。色々とご迷惑をかけました。紹介します。こちらがリタです。カウン・リタです」

阿部はしばらくの間、茫然《ぼうぜん》とした。それから、慌てたように日本語で、

「阿部です。美しい人だね」

と言葉の終わりは竹鶴に向き直って言った。

竹鶴が英語でリタに通訳した。するとリタは、跳び上がるような仕草で喜んだ。

ホテルでは三人一緒に食事をした。竹鶴はスコットランドに来てから研究し、実習した体験を、かいつまんで報告する。十月から雪が降ると言うと阿部は、

「ほんまに？　ほんなら、もう少しで冬でっか。秋がないんやな」

と、目を丸くした。

「でも、グラスゴーは暖流が入ってきますので、比較的暖かいところです」

「地図を見ると、北極に近いところでんな。ほんまに暖かいやろか」

「東の北海は、そりゃ寒くて、雪に埋もれます。エルギンなどでは頭の高さまで積もりますから」

「グラスゴー見学はあと回しにして、リタさんの親御さんに挨拶せんとあきまへんな」

休む間もなく、竹鶴たちはグラスゴーに移動し、阿部をカウン家に案内した。カウン家の人々も、ようやく二人の結婚を認めてくれるようになった。

リタの気持ちも決まっていた。竹鶴と日本に行き、そこで自分の生涯を送る決意である。

セントラルステーションホテルに牧師を呼び、阿部喜兵衛とウィルソン教授の二人が立ち会って略式の結婚式を挙げた。

「リタ。君はマサタカを支えてください。スコットランド女性の誇りを持って、愛する人に、ささげなさい」

ウィルソン教授は、そう言って、リタの肩を叩いた。

胸を熱くするリタだったが、この時、近い将来の日本での苦悩の日々を彼女は予感していたかどうか――。だが竹鶴はそれを十分に承知していた。言葉も、生活習慣も全く違う日本にリタを連れて行けば、彼女の苦労は目に見えている。

彼女への思いやりが欠けたら、リタを不幸にする。一生涯守らねばならないと、竹鶴は、自らに言って聞かせた。

2　さようならグラスゴー

簡略な結婚披露をすませたあと、リタをカウン家に預け、竹鶴はブドウ酒工場の見学をかねてのイタリア、ドイツ、スイスへの旅行に、阿部喜兵衛の案内役として同行した。

この時の旅行で竹鶴は、ヨーロッパ諸国の第一次大戦後の混乱と疲弊《ひへい》ぶりをつぶさに見ている。労働力は減り、生産機能が破壊され、戦勝国と敗戦国を問わずみじめな状態になっていることに、むなしさを痛感させられている。

ひと月ばかりの旅行を終えてグラスゴーに帰ると、竹鶴はリタと一緒にカウン家にお別れの挨拶に行った。母親のロビーナもリタを抱きよせて、「幸せになるのよ」と耳もとで言った。

リタは、いざ車がカウン家を離れるとなると、涙がこみ上げてきて止まらなかった。

竹鶴は動き出した車の中で、リタを抱き寄せた。

「いつかグラスゴーへ戻れる。必ず戻れる」

これが彼にできる精いっぱいの慰めだった。しかしリタは、肩を震わせて泣き続けていた。

その夜、セントラルステーションホテルに一泊し、翌日阿部と共に三人はグラスゴーからリバプールに向かった。リバプールからニューヨーク行きの船に乗り込む。ニューヨークには十日ほどかかって着いた。

ニューヨークからシアトルへは大陸横断鉄道の旅になる。

汽車はまず、ニューヨーク発シカゴ行きである。フィラデルフィア、アクロンを経てシカゴに到着。ここまで約二日間。シカゴからはさらにセントポールへ上がり、ミネソタ州を横断、ビズマークの大地に出る。そこからはロッキー山脈の登りになる。所要日数は五日。

ニューヨークからシアトルまで、当時の鉄道はこうしていくつも乗り継いだ。アメリカ大陸を横断するのには十日かかった。

二人がアメリカに着いて困った事態が起きた。それはスコットランド訛りのリタの英語が、アメリカ人のウエイトレスやボーイたちに通じなかったことである。

そこでリタの言葉を、竹鶴がアメリカ人に通訳する。アメリカ人にしてみれば、リタの言葉はどうやら英語らしいのだが、イントネーションも発音も違うので、全く聞きとれなかったようだ。この時ばかりは三人とも爆笑した。

シアトルのホテルでも、やはり言葉が通じない。ここは坂の多い美しい港町である。ここからが日本への一番近い航路だった。日本人街、中国人街もある。

だが、一九二〇（大正九）年頃のシアトルは排日運動が盛り上がり、対日感情が最悪の時だった。カリフォルニア州でインマン議員らによる「排日協会」が、日本人の借地権を奪うこと、「写真結婚」夫人の来米禁止、日本人移民の禁止、日本人に帰化権を与えない、日本人の出生届に市民権を与えないとの五項目を打ち出していた。そして「日本はアジアのドイツだ」と叫んでいた。

リタと竹鶴、阿部たちがシアトルで帰国船を待っている間、これら五項目の排日法案が、カリフォルニア州で成立している。

このあと、日本人には冷たいアメリカとなっていく。

しかし労働者とは見えない二人の日本人と、聞きとれない英語を話すスコットランド人女性の一行は、シアトルのホテルのボーイたちには奇妙に映ったかもしれない。日本の領事館の職員か外交官に見えたようだ。

三人はおだやかなエリオット湾を眺めながら、日本郵船の客船、伏見丸の出港を待った。

結婚直後の写真。竹鶴政孝26歳、リタ24歳

そして一九二〇（大正九）年十月下旬、三人はシアトル港を発った。日本まで二週間の航海である。竹鶴にとっては長い留学生活の最後を締めくくる旅であり、リタにとっては、未知の国への不安と期待が入り交じる旅である。

伏見丸は真西へ、夕陽を追って進んでいった。

途中、阿部は、日本でのウイスキーづくりの構想を二人に話した。日本で本物のスコッチウイスキーをつくり、みんなをびっくりさせたい、と。

「そうや。あんたたちの住む家は帝塚山の姫松《ひめまつ》の借家を手配しといた。あそこには外人さんがたくさん住んでるさかい、不自由せんし、それに会社にも近いよってな」

竹鶴の脳裏に大麦を焼く釜と、石造りの倉庫、樽詰めの光景が描かれる。

水平線に陽が沈むたびに、リタの日本での生活が近づいてくるのだった。

第4章　リタ、日本での第一歩

1　大阪での生活

三人を乗せた伏見丸が東京湾に入ったのは一九二〇（大正九）年十一月中旬である。日本の秋は終わろうとしていた。

リタは二人に伴われて、横浜港の大桟橋に降り、初めて日本の土を踏んだ。当時の横浜には外国人居留地があり、リバプールやシアトルとどこか共通した港町の情緒があった。しかし桟橋前で出迎える日本人の着物姿にリタは驚かされた。夫の政孝から聞かされてはいたが、それにしても、女性の着物の何と色鮮やかなことだろう。

一行は横浜から東京まで汽車に乗った。車窓から稲の刈り入れ風景が見えた。リタが、日本に来て最初に興味を持ったのが、この稲である。

「あれは何？」

と政孝に尋ねた。

「そう、初めてだね。ライスだ。日本ではイネと呼ぶ。メイン・フードだよ」

政孝がリタに分かりやすく説明した。

「ライス・トゥリー？　米のなる木なのね」

米を木になっている果物と思い込んでいる。

「おいしいんだよ。多分、リタも気に入る。日本の酒は、あの米からつくる」

「政孝の会社は、サケづくり？」

「日本酒は広島の、父の会社でね」

この夜、東京で帰国歓迎会が行われた。摂津酒造東京出張所の社員たちによる歓迎会で、リタは一人ひとりに、手を差しのべて挨拶した。

大阪へは翌日の汽車で発った。

大阪駅に着くと、手配よく会社の車が出迎えにきている。三人は、住吉の摂津酒造ではなく、直接、帝塚山姫松の借家に連れて行かれた。

二階建ての洋館風の家には、阿部喜兵衛の妻タキが、デパートから寝台を二つ取り寄せていた。洋式トイレも取りつけさせている。

帝塚山は大阪の高級ベッドタウンとして栄えた。大阪港と堺港にも近い。

この家の持ち主の芝川又四郎《しばかわまたしろう》は、この帝塚山姫松や大阪市の船場《せんば》などに広大な土地を持つ旧家の出である。帝塚山学院校長の庄野貞一《しょうのさだいち》や摂津酒造の阿部喜兵衛とも親し

政孝とリタの歓迎夕食会

い仲で、庄野とは一緒に上海、アメリカ、フランス、イギリスなどを視察したこともある。

竹鶴リタは、芝川の貸家に住み、芝川家の三姉妹に英語とピアノを教えるようになるが、それは後に大きな幸運をもたらした。夫の政孝が独立してウイスキー工場を建てる際、またその前に、寿屋の鳥井が山崎にウイスキー工場を建てる話があったとき、芝川はリタからの頼みで強力な援助をしている。

そうした運命と出会うとは知らず、リタは初めての大阪での生活に夢中だった。家主の人脈を知るよしもない。

リタは大阪に行き、まず教会を訪ねている。政孝も、日曜日にはリタと近くの教会に出かけた。そこでは住吉や阿倍野あたりに住む外国人たちと顔見知りになる。後に、リタが帝塚山学院で英語講師になるきっかけをつくってくれたイギリス人のアリス・リスカムとも知り合いになった。

帝塚山の姫松一帯には洋館や数寄屋風の立派な邸宅が多い。敷地も平均五百坪くらいで、どの家も大きな門構えである。リタと政孝の借家は和風に洋間を増築した造りで、二階にはベランダもある。リタはこの二階のベランダに椅子を置き、軒下にはカナリアの鳥籠を吊るしてよく読書をしていた。

リタが最初に困ったのは食事だった。近くにはパン屋がなく阿倍野まで市電に揺ら

自宅ベランダで読書を楽しむリタ

れて買いに行った。ついでにミルクと肉も買って帰宅する。肉は高価で、一カ月に三十円ほどかかった。まだ大阪には洋食の店は少なく、教会に出かけたあとは梅田まで足をのばして洋食を楽しんだ。

年が明けた翌年の一月、政孝はリタを連れて広島・竹原の実家を訪れた。リタを親族の者たちに披露するためだった。

大阪から三原までは山陽線に乗る。一九〇一（明治三十四）年五月二十七日には、下関駅までの山陽線の全線が開通している。急行列車には食堂車も連結されていた。また一等寝台車も使用されている。

大正時代の山陽線の車内風景の写真では、木製の椅子に背当て、木製の網棚、木製のドアと、すべてが木製の車両である。女たちは着物姿に日本髪である。食堂車は車両中央に白いテーブルクロスをかけたテーブルが縦にあり、両側に椅子を置いて互いに向き合っている。

竹原に着いた。

「この町がマッさんの生まれ故郷？」

リタは、いつしか政孝をマッさんと呼んでいた。政孝は少々照れたが、マサタカさんとは呼びづらく、余市で生涯を閉じる日まで、普段は夫をマッさん、あるいはマーさんと呼んだ。

「このあたりの塩田はみんなぼくの家のものだった。もう塩はつくらず酒だけになった」

「ソルト・ガーデン？」

「ま、そうだね。そしてソルト・カンパニー」

竹原の実家では、政孝夫婦が戻ってくるというので大慌てであった。一族全員が、珍しいイギリス女性見たさに竹鶴の家に集まった。そして二人の結婚を奥座敷の部屋で祝福してくれた。その夜、ひと騒動が起きる。ベッドである。広島まで行ってもベッドは売っていない。第一、どんな物か、見たこともなかった。

息子の政孝は布団でもいいが、イギリス女性用のベッドには弱った。父親の敬次郎も母のチョウも、どうしたらいいか分からなかった。

母のチョウはリタのベッドのことを二人に相談した。政孝は部屋の中を見回したあと、長持ちを取り出し、その上に布団を敷かせた。即席のリタ専用のベッドである。

固い感じはするが、リタはそれでなんとかしのぐ。

次の問題は、寝室の仕切りが襖《ふすま》だけなのでプライベートな部屋にならないことだった。

朝、政孝の従兄が、反対側の部屋に行かねばならないため、リタと政孝の部屋の襖をぱっと開けて入ってしまった。リタはこの突然の侵入に驚き、思わず悲鳴を上げた。

そして英語でこう言った。

「なぜノックしてくれないのですか！　びっくりしました。スコットランドではノックして、『エキスキューズミー』と言って入ります」

この様子を見ていた人たちは、今でもこの時のリタの驚きと抗議に近い言葉を覚えている。英語を解さない竹鶴の人たちでも、「ノック」と「エキスキューズミー」の二つの単語が耳朶《じだ》に残っているという。

この日以来、リタの部屋の襖を開けるときは、耳を襖に当ててノックをし、それから、

「エキス・キューズ・ミー？」

と区切りながら声に出した。

食事にも困った。尾道にも三原にも呉《くれ》にもパン屋がない。政孝はリタと一緒にパンを買いに船で広島まで出かけた。食パンやフランスパン、菓子パンなどをたくさん買って袋に入れて戻ってきた。

リタには日本のパンが、イギリスのパンよりおいしく感じられた。その理由を政孝に尋ねると、政孝は次のように説明してくれた。

「日本のパン職人たちは昔、船に乗り、ロンドンやニューヨークなどで生活したことがあるから、おいしさを知っているのだよ」

竹原には四、五日ほど滞在して大阪に帰った。

2　竹鶴、摂津酒造を去る

帝塚山の姫松に戻ってしばらくすると、リタは夫に元気がないのに気付く。口数の少ない性格だったが、その日はどこか様子がおかしい。リタは、何かあったなと直感した。

リタは日曜日の教会の帰りに、それとなく尋ねてみた。

「心配いらないよ。社長にプランを出しているんだ。工場をどこにするか、用地を探しているところだ。待遇も技師長で、サラリーは月に百五十円と決まった」

「でも、マッさん、この頃、笑わなくなったわ。ローリングス校長夫人もマンさんも、そう言ってましたよ」

「マンさんが？」

「新しい仕事なので、気苦労している様子だって。何かあったんでしょう？ 私には日本の経済のことは分からないけど」

桃山中学のＪ・Ｃ・マンは、グラスゴー大学を卒業して一九〇四年に司祭となった。その翌年の一九〇五年に、ＣＭＳ《チャーチ・ミッショナリー・ソサエティ》（英国聖公会宣教協会）牧師として来日している。長崎、熊本で伝道活動をした後、一九二一（大正十）年の十二月には、ローリングス校長が一時イギリスに帰ったため代理校長を務めることになる。リタはローリングスやマンとも親しくしていて、日本の政治、社会のアウトラインを教わっていた。帝塚山の姫松にはイギリス人の宣教師も住んでおり、その点ではいい相談相手に恵まれている。

リタの心配は当たっていた。政孝のウイスキーづくりの仕事はうまく進んでいなかったのである。

帰国してみると、第一次大戦後のあおりで日本も不況に見舞われていた。なかでも酒造界はひどく、在庫がダブつき借金経営に苦しんでいた。

摂津酒造もかつての活気を失っていた。同業者の倒産も続出している。

それでも竹鶴政孝は、ウイスキー製造計画に取りかかった。すべてがこれまでの実習体験に基づいたものである。

「一刻も早くつくってみたい」

工場は、住吉の摂津酒造の工場敷地内を考えた。予算的にも安上がりになるからだった。計画は、工場規模、作業員数、人件費、販売方針にまで至る詳細なものだった。

竹鶴はスコットランドで学んだホワイトホースやジョニーウォーカーなどの販売方法を取り入れようと決めている。摂津酒造としてのブランド商品をつくり、全国の酒類問屋のルートに乗せて販売したり、摂津酒造で直販する案もある。

しかし、洋酒販売会社の注文に応じて製造してきたこれまでの慣例を破ることは、摂津酒造にはなかなかできなかった。そこでしばらくは、これまで通り模造ウイスキーの製造注文を受け、樽詰めして関西の業者に届けている。

一社だけ、摂津酒造への委託製造をやめた会社があった。寿屋である。

寿屋社長の鳥井信治郎は、竹鶴がスコットランドに留学中の一九一九（大正八）年に、大阪の築港《ちっこう》に製造工場を、さらに大阪市北区富島町（現・西区川口）に輸出専用の工場を設け、自社製造を始めていた。

寿屋は赤玉ポートワイン製造を委託してくれた大手の得意先だった。ところが竹鶴が帰国してみると、樽詰めされたウイスキーは小西儀助商店、越後屋などに出荷されるが、寿屋のビン詰め工場への出荷がない。

竹鶴が先輩の岩井常務にそのことを尋ねると、

「うちなんかに委託せんでな、自分のところで製造する考えや」

との答えである。

この時、竹鶴は、寿屋に負けまいとする阿部社長の気持ちがよく分かった。

若い竹鶴は、阿部社長に、何度もスコッチウイスキーづくりを説得した。

「いっぺん、重役会にかけまひょう。そこで説得せんとあかんな。ただなあ、不況で洋酒が売れへんのや」

「ほんなら、なおのことスコッチウイスキーが必要です。この敷地内の片隅でええのです。大きな資金がかけられんなら、小規模の工場でモルトをつくって、それを入れるだけで大きく味が変わります。ぜひ、やらせてください」

「来週にでも、重役会で説明して決めましょう」

阿部の表情は暗い。会社の台所は火の車だった。銀行から役員も送られていた。会社の経理は銀行におさえられていて、阿部ひとりの判断では決められないところにまで追い込まれていた。

竹鶴は常務の岩井からそのことを聞いていた。

「こういう時こそ、先を見て、本物のウイスキーを売ることを考えるべきなんです」

岩井を説得しても、答えは変わらない。重役会議の席上、竹鶴はスコットランドのウイスキー製造事情を話したあと、ブレンドして味つけする方法まで熱っぽく説明した。しかし重役たちは竹鶴の顔さえ見ていない。うつむき、なかにはほとんど聞いていない重役さえいた。

彼は、それでも説明を続けた。

「――他の用地を探すとなると、北海道以外には考えられません。ですが、その余裕がないということですから、この敷地内に、ポットスチルを据えつければ、小規模ながら、ウイスキーがつくれます。モルトウイスキーをつくり、それをブレンドするだけで、おいしい本物のウイスキーになるのです」

しばらくして、銀行出身の重役が口火を切って反対した。

「時期が悪いのと違いまっか。あなたの話では四年も五年も、じっと眠らせんとあかんそうですが、それまでにこの会社がどうなるか知れませんよ。金利も、ぎょうさんかさむよって」

するとほかの重役も、竹鶴の方ではなく阿部社長に向かって反対した。

「品物だって、ほんまにできるかどうか分かりません。これは竹鶴君の道楽です。道楽している余裕、ありませんよって。明日からどうしたらひとつでも多く売れるか、それを考えることが先決と違いませんか。もう少し、会社が立ち直ってからなら、よろしいと思います」

竹鶴は助け船を求める思いで先輩の岩井常務の顔を見た。しかし岩井も終始黙ったままだった。その表情から、重役の全員が反対していると悟った。

「ほかに、意見は――」

阿部が顔を上げた。

誰も発言しなかった。

「ほんなら、あとで結論出します。ご苦労さん」

重役会議が終わった。

竹鶴は独り残った。自分がこれまで研究してきたことは何だったのか、分からなくなった。彼は目の前の資料と工場の青写真を、節の太い指で手元にかき集めた。

「――それなら、ここにいる意味はないのか」

涙がその武骨な手の上にこぼれ落ちた。

それから数日して、竹鶴とリタは教会に出かけた。二人は片隅の固い椅子に腰を下ろした。

「リタ、覚えてるか。グラスゴーの教会でぼくは、日本とイギリスの橋渡しをするんだと言った。それが、庶民が愛飲するウイスキーづくりだとも言った」

二人は英語で話した。

「覚えてます」

「それが、できなくなった」

「なぜ？　何があったんですか」

「リタに相談しようと思ったんだが、君はいつも明るく笑っているし、言えなかった」

「私には分かっていました。あなたがつらい立場にいること、分かっていました」

「なんとか夢を実現したかったのだが……」

「私はあなたの妻よ。リタ・タケツルよ。ママにも言ったわ。私は二度とグラスゴーには帰れないって。タケツルと日本でずっと暮らし、タケツルの仕事を支えるのがスコットランド女の務めだって。ママがパパの仕事を支え、四人の子供を育てたことと同じだって」

「そう、分かっていたのか。実は、きのう社長に、会社を辞めると言ってきた」

「よかった」

「よかった？」

「これであなたは、日曜日に仕事へ行かなくてすむもの。わたしと、こうしていつも教会にこられる。だから――」

　リタは政孝の背中に手を回した。そして頰にキスした。

　暗い教会には日本人の信者たちがいたが、リタと政孝の抱擁を温かい目で見守っていた。

「苦労をかけるな」

「大丈夫。わたしも仕事をします。ローリングス夫人に相談しますから、大丈夫よ。それに、日本の言葉をたくさん、たくさん覚えます」

　政孝は、言葉に詰まった。

　母のチョウが、近々、大阪に来ると言っていたことを思い出し、郷里の広島へ戻ろうかとも考えた。しかし母はきっと驚くだろう。退職したことは、母には打ち明けられそうもなかった。

第5章　帝塚山学院英語教師

1　リタの気苦労が始まる

桃山中学は一九〇二（明治三十五）年、大阪では初めての私立中学として発足した。前身は一八九〇（明治二十三）年に大阪市西区江戸堀に設立されたミッション系の高等英学校である。

高等英学校は後に東成郡天王寺村中山（通称・桃山、現・天王寺区筆ケ崎町《ふでがさきちよう》）に新築移転し、中等科四年、高等科二年に変わる。このとき、校名を桃山学院に改め、さらに桃山中学校と改められている。

中学発足時の生徒数は七学級の二百五十名だった。

リタは、校長夫人のリリアン・ローリングスや代理校長のマンに、失業の身である夫の政孝を化学の教諭として採用してもらえるように、たのんだ。だが桃山中学はこの頃、財政難で廃校の噂まで広がっていた。当時、ミッション系の教育機関に対しては、文部省をはじめとして風当たりが強かったことも原因の一つだった。

リタが、政孝の再就職を最初に相談したのは、大柄なアメリカ女性のローリングス夫人だった。夫人は気の毒がり親身になって考えてくれた。リタは大阪に来て間もなく教会でローリングス夫妻と知り合った。日本での生活や風習を、ローリングス夫人から教わっている。

ローリングス夫人は、そのほかにも帝塚山学院や兵庫県の関西学院などにも頼んでみると約束してくれた。

「で、あなたはどうされるの？」

リタは返事に困った。リタにできることは音楽と英語ぐらいである。しかし桃山にも帝塚山にも英語の教師がいて、空きがなかった。

「近くの家のお子さんたちに、ピアノや英語を教えようかと考えています」

「どうやって？」

「そうですね。挨拶に行って、それからアプローチします」

「今、家の家賃はおいくら？」

「五十五円です」

「早くしないといけないわね。あなたも、近くの家を訪ねなさい。私はこれからマン校長の所へ行ってきます」

リタはローリングス家を出ると、すぐに姫松の家に戻った。政孝に、夫人と会った話をし、自分もこれから近所を回るから一緒に散歩に出ようと誘った。

政孝は摂津酒造を辞めてから、ずっと家に閉じ込もりがちだった。読む本といえばグラスゴーから買ってきた化学の本ばかりである。まだウイスキーづくりの夢を捨て切れない様子だった。

二人は暑い日差しの中を歩いた。姫松の高級住宅地には、関西の財界人が多く住んでいる。兵庫県の西宮がまだ開ける前の話で、関西の財界人はこの一帯に邸宅を構え、車で出社していた。だから道幅も広い。

リタは、子供がいる家を一軒一軒訪ね歩くことにした。

リタの借家とは道路をへだてた所に、家主である芝川又四郎の家がある。門から玄関までは長い砂利道で、芝川又四郎は車で玄関から門の外へ出て、そのまま大阪市街へと出かける。

芝川家にはゆり子、芙美子《ふみこ》、霜子《しもこ》の三姉妹、一人息子の又彦《またひこ》がいた。それぞれ二、三歳違いで、霜子は小学生になったばかりである。芝川家では、この三人の娘に、英語とピアノを身につけさせたがっていて、話はすぐに決まった。謝礼は毎月の家賃と同額の五十五円である。

初めのうちは三人娘がリタの家に出かけて英会話を教わっていた。そのうちにリタの方から芝川家に出向いて指導するようになる。姉妹の母親も習い出したからである。前田家に嫁いだ次女の芙美子は当時のことをよく覚えていてこう語る。

「私たちは七、八歳の頃から強制的にピアノと英語を教えられましてね。リタさんの前に、やはり外国女性のリスカムさんに教わっていました。リスカムさんは怒りっぽく、日本語が全く話せないので退屈しました。リタさんは貴婦人でしたね。背が高くてスマートで、上品な、人柄のいい人でした。一度も怖いと思ったことは、ありませんでした。とってもやさしい方で、父も気に入っていました。ご主人の政孝さんのことはマッさんとかマーさんと呼んでいましたね」

リタは清潔好きでもあった。

いつも掃除をしている。家のどこにもゴミが残っていない。当時ピアノは持っていなかったが、本はたくさんあった。

芝川家は、後に竹鶴政孝が独立する際、すべての面でバックアップした。運転資金を提供したのも芝川又四郎と加賀《かが》正太郎《しょうたろう》だった。

リタが家庭教師をしたのは芝川家のほかに、加賀正太郎家など五、六軒ある。いずれも関西の財界人たちだった。後の衆議院議員・野田《のだ》卯一《ういち》の夫人も、リタに英語を教わっている。

野田卯一は『竹鶴さんと私』の中でこう記している。

「私は長年大蔵省に勤めている間に、ヒゲの竹鶴さんとのお付き合いが深まったが、私の妻は結婚前から竹鶴家とご縁があった。リタ夫人は、頼まれて良家の子女に英語を教えておられたが、妻は姉の紹介でリタ夫人から英会話を学んで以来のお付き合いである。竹鶴家と私の家族の関係は伝説的といっていい位のものである」

２　二人に訪れた吉報

ローリングス夫人の骨折りで、夫の政孝の職が見つかった。

ちょうど桃山中学には化学の専門教師がいなかったためであった。竹鶴は英語も話せることから即決され、新学期の四月から教師として勤めることになる。

姫松の借家から桃山中学までは、南海平野線に乗り股ケ池《ももがいけ》で下車してそこから十分ほど歩く。

政孝のために、リタはお昼の弁当をつくった。ご飯がまだうまく炊けず、近くの電車通りまで出かけて食パンを買い、両面を焼いてサンドイッチをつくる。それを政孝の鞄に入れて持たせ、通りまで出て見送った。

リタの朝の見送りはそのうちに近所で評判になった。芝川家や隣の家の者に会うと日本語で、

「オハヨウ、ゴザマス」

と挨拶した。スコットランド訛りの日本語だった。語尾がはっきり聞き取りにくいスコットランド英語が、そのまま日本語になる。しかしリタは、その年の夏には片言を話せるまでになった。政孝が日本語で話しかけ、リタが英語で答えるシーンが続いたが、次第に日本語で答えるようになる。

日本の挨拶や返事はすぐに覚え、主語と動詞だけの日本語は、来日して半年でマスターした。

「ワタクシ、イキマス」

「アナタモ、タベマス」

「バイ・トレイン、デ、イキマス」

英語交じりの日本語は、そのうちに英語の部分が少なくなり、一年ほどするとどうやら日本語らしい会話となった。

リタが帝塚山学院の小学校で英語の教鞭をとるのは、一九二二(大正十一)年九月の第二学期からである。帝塚山学院の職員名簿によると、リタの登録名はゼシー・タケツルとある。

在籍期間は一九二二(大正十一)年九月二十日から、一九二四年十二月三十一日まで。待遇は嘱託だった。リタは二年四カ月の教師生活のあと、夫の仕事の関係で姫松から京都の山崎へ移転している。

在職中のリタ先生の英語指導はどんなものだったのか。教え子の男子生徒がこう回想している。

「若くてきれいでした。背が高く、上品そのもの。英語を教えていましたが、私たちには幼稚園程度の基礎の英語を指導された。教科書はなくて、オモチャとか色々な品物を持ってきて教壇に並べ、英語だけで、主に単語を教えてくれましたね。

英語の先生は三人替わりました。ローリングスさんはアメリカ女性で、大柄な、ゆったりした、年は四十から五十歳でした。そのあとリスカムさんです。五十歳前後の、小柄でおとなしい方です。この人には二、三年生の時から教わり、そのあとに、リタさんがこられました。二十四、五歳で、スラッとした色白の女性でした。ですが、小学校時代の英語は役に立ちませんでした。中学校では他の者に追い越されました。ただ、外国人と接触したことで外国人コンプレックスは全くなくなりました。これは非常に役に立ちましたね」

男子生徒にとって、リタ先生は憧れの的だった。いつも違う洋服を着て教壇に立つ。女子生徒たちは時々、姫松の家に招待され、ティーを飲みながら将来の話や学園生活の話などをしている。

ティーパーティーは故郷のグラスゴーでは楽しいひとときで、リタは姫松の家でもクッキーを焼いては教え子たちをもてなしている。

だが夫婦で働いても、家計は楽ではなかった。幸い、地味な生活に慣れているスコットランド女性のリタにしてみれば、そう苦にはならない。夫の前では、いつも明るく振る舞った。

政孝にはそれが唯一の救いだった。やり繰りは苦しかったはずなのに、顔にはみじんも出さない。

竹鶴政孝は自伝の中でこう書いている。

「あすからどうするか、という計画は全くなかった。今思えば無謀な話である。ただひとつの救いは、日本に来たばかりで西も東も分からない妻のリタが、そのことを知っても悲しまず、相変わらず明るいことであった」

あるいはそれが若さというものなのかもしれない。困難を困難と受けとめない若者の特権だ。この頃、政孝二十八歳、リタ二十六歳である。

そんな二人に思いもせぬ吉報が舞い込む。

一九二三（大正十二）年の二月のことである。摂津酒造との取り引きをやめて独自で模造品のウイスキーやブドウ酒をつくって売っていた寿屋が、スコッチタイプのウイスキーを製造することになり、竹鶴をスカウトするために鳥井社長が来訪したいというのである。

その話を聞いたリタは、

「マッさんの夢が叶《かな》えられるわね！」

と大声で喜び、政孝に抱きついた。

第6章　二人の夢

1　もう一人のウイスキーの父

鳥井信治郎は若い頃、大阪・道修町の薬種問屋・小西儀助商店で働いていた。小西儀助商店はブドウ酒や、いわゆる模造品のリキュール、ブランデーを主として大阪や神戸で売っていた。

明治の末、鳥井信治郎は、小西の下で商いを覚えて、やがて寿屋を創業する。自宅の庭にウイスキーや赤玉ポートワインのビン詰め工場を建て、夫婦でコツコツと働いた。竹鶴より十五歳ほど年上である。

竹鶴がスコットランドに留学する時は、わざわざ神戸港まで見送ってくれた。鳥井の本物のウイスキーへの憧れは、摂津酒造の阿部喜兵衛以上だったかもしれない。

政孝が留学中に、鳥井は築港に赤玉ポートワインとウイスキーの製造工場をつくり、自社での製造・販売に踏み切っている。すでに東京にも出張所を設け、関東市場に進出していた。

鳥井は販売の神様と言われた。宣伝がうまく、有能な人材をスカウトしては起用した。その一人が森永製菓にいた宣伝マンの片岡敏郎《かたおかとしろう》である。

鳥井は宣伝コピーの才能を買って片岡をスカウトすると、赤玉ポートワインを大いに宣伝してヒットさせた。利益を上げると、さらに工場を拡大した。

しかし、模造品には限界がある。鼻利きのブレンダーでもある鳥井は、輸入されているスコッチウイスキーと比較するたびに「どうにも話にならん」と首を振った。

摂津酒造がいずれ本物のウイスキーを製造するのだろうが、いつのことか見通しは立っていない。

そこで独自に三井物産を通じて、本場イギリスのウイスキー技師をスカウトすることにした。大阪の三井物産ではロンドン副支店長に命じて技師探しに動く。

その時に鳥井信治郎が出した条件は、年俸四千円、社宅付きというものである。数日後、ロンドン支店から三井物産大阪支店に、

「スコッチウイスキーの技師にムーア博士がいる。ただ今交渉中である。可能性あり」

と連絡が入った。

鳥井は意を強くした。夢にまで見た本格的なウイスキー工場建設計画をさらに進め

た。工場の場所は、愛飲家の目にふれる所、それも電車の窓から見えるところがいい。建設用地探しのために大阪や兵庫あたりを歩き回った。

ところが一九二二年の暮れになり、ムーア博士の来日がむずかしくなった。年が明けると、ほとんど不可能に近いことが分かり、鳥井は失望する。

イギリス人にとって、東洋の日本は、遠い遠い異国である。骨を埋める気にはなれなかったのだろう。この頃、ライト兄弟の初飛行から二十年しかたっていない。航空機は実用にはほど遠い時代である。

ムーア博士に限らず、他の産業界の技師たちも、イギリスから船で四十日近くかかる日本へ足を運ぶのをおっくうがった。特に年配者には船旅はきつい。ちょっと観光気分で行くにしても、せいぜいアメリカ本土までで、イギリスの植民地であるシンガポールや香港、上海を訪ねる気にはなれない。

いくら好待遇を用意されても技師が日本へ行きたがらなかったのも無理はないと言える。

鳥井はムーア博士を断念したものの、しかしウイスキーづくりは諦めなかった。その頃、摂津酒造がウイスキーづくりを断念し、竹鶴政孝が浪人していることを知った。すぐにでも竹鶴と交渉したかったが、阿部喜兵衛の顔もあり、手順を踏まなければならない。

鳥井は近くに住む大阪の財界人たちにそれとなく打診をしている。竹鶴の家の家主、芝川又四郎の耳にも入っていた。摂津酒造とは取り引きをやめた立場もあり、鳥井が直接、阿部や竹鶴に交渉するまでに、ずいぶん時間がかかった。

鳥井信治郎が姫松の竹鶴政孝の家を訪ねたのは、一九二三年二月である。帝塚山一帯の高級住宅街の庭には梅の花が咲き、野鳥が鳴いていた。

リタはその朝、掃除をしながら、気持ちよくスコットランドの歌をうたっていた。そこに、骨の太い、長身の四十過ぎの男が玄関を開けて入ってきた。

応対に出たリタを見るなり、鳥井はしばらくの間、茫然と立ち尽くした。彼の頭の中で、ウイスキーとリタが重なって見えたのである。

リタはこの頃になると、子供たちとの会話から、だいぶ日本語が上達していた。それでもカタカナで表記した方がぴったりの片言の会話でこう挨拶した。

「アノー。マッサンハ、スクールニ、イッテオリマス」

渡された鳥井の名刺の漢字が分からず、何と読むのか、と尋ねる。鳥井は自分の名前をもう一度言った。するとリタは、

「アア。トリイ、サンデスネ」

リタは鳥井とは初対面だった。突然の来訪ではあったが、政孝から話を聞いていたリタは鳥井を応接間に通した。

鳥井は、リタが日本語を話すのでほっとした。そして、訪問した理由を伝えた。リタは、ヒヤリングは半分ほど聞き分けられたが、すぐに返事ができなかった。ただ頷いたり、間に、ハイ、ワカリマス、を入れて応じる。それが鳥井をさらに安心させた。

「コンドノ、ニチヨウビニ、イカガデスカ。マッサンハ、オリマス、デス」

鳥井はその日、用件のみを伝えて引き揚げた。

リタがその夜、鳥井の名刺を政孝に渡すと、政孝は驚いた声を上げた。

「本当に鳥井さんが来たのか」

「ハイ。コンド、ニチヨウビニ、キマスデス」

「そうか——あの方が来られたか」

「コノヒト、トッテモ、イイカタデスネ」

「もちろんだよ。リタ、いつか話したことがあるだろう。ぼくがスコットランドに行く時、神戸まで見送りにきてくれた寿屋の社長さんだよ。ぼくがつくったウイスキーと赤玉ポートワインを褒めてくれたのは、この人だよ」

「ハイ。オモイ、ダシマシタ」

「それで、何か言ってたの？」

「ソノ、コンドノ、ニチヨウビニ、キマス」

「そう。会いたいな」

「キマス。ダイジョウブデス」

2　説得と決意

次の日曜日の朝、鳥井は約束どおり竹鶴の家を訪ねてきた。鳥井はその前に、芝川を訪ねて挨拶をしている。その時、リタのことを芝川から詳しく聞いていた。家族ぐるみで付き合っていると聞くと、鳥井は羨《うらやま》しそうな顔をした。

「わしは本当につくることにしたで。あんたからも口説いてくれへんか。彼しかおらんで」

そう芝川に頼み、その足で向かいの竹鶴の家を訪れた。

応接間に上がった鳥井に、竹鶴は深々と頭を下げた。四年ぶりの対面である。

「色々と、ご心配をかけています。リタから話を聞きました。電話がまだないものですから、連絡できずにすみませんでした」

すると鳥井は、いきなり、

「ふたつ返事でお願いできますやろな」

鳥井の目はやさしく笑っていた。

「私と阿部社長とのこと、お聞きですか」

「はい。聞いとります。阿部さんに会うてきました」

「そうですか。何か言ってましたか」

「今でも本物のウイスキーづくりが夢や、言うてた。でも、会社に全く余裕がなく、残念や、と。あんたの気持ち、よう分かります。摂津酒造さんに留学させてもらい、はいサイナラとは言えまへんよ。よその会社で、すぐにつくろうというのは、裏切り行為に近いことやさかいな。なんでも竹鶴さんは、北海道が適地やと言ってはるそうですが、なんでです？」

　鳥井の話は本題に入った。

「そのこと、誰から聞きましたか」

「ま、色々な方です。どうして北海道がいいんですか」

「北海道は緯度から言いましても、スコットランドと似ています。冬は深い雪に閉ざされますし、それに水もきれいで、燃料となる泥炭《ピート》もあります。モルトウイスキーは水がきれいで、湿度が必要です」

　鳥井は軽く頷いた。

「そうですかな。一度調べてみますか。何ぞ条件がありましたら、なんぼでも聞きますよって。やっぱりな、これからはほんまもんの時代やよって。金はかかるけど、人の口はだんだんうるさくなります。それに応えんといかんと思う。そりゃ、ウイスキーづくりには四、五年かかるやろが、かましまへん。つくってくれなはれ。今度会うときに、条件を言うてくれれば何でも聞きますよって」

竹鶴は少し慌てて、両手で制した。

「阿部社長さんに、一度会うてきます。それからでも、ええでしょうか」

「そのことなら、もう話はついとります。竹鶴さん、あんたが心配することあらへん。あんたかて生活せにゃいけまへんやろ。きれいな奥さんかて、こんな貧乏暮らし、つらいのと違いますか。阿部はんところの倍払うてもええです」

鳥井は部屋の中を見回しながらずけずけと言う。

「倍ですか？」

「かましまへん。どうせイギリスの博士をスカウトしよう思うたお金ですさかい。同じことでっしゃろ。わたしはな、あんたの腕前、一番よく信じてる一人や。ま、一番が阿部はんで、二番がわしやろな」

鳥井信治郎は、がははと大笑いした。

その後、鳥井がどこへ何をしに行ったかは分からない。三度目の訪問のときには、何もかも決めていた。鳥井は阿部社長にも竹鶴が承諾してくれた旨《むね》を伝えている。

鳥井の根回しが、どうやら阿部社長の無念の気持ちをほぐしてくれているようだった。それを知らず、竹鶴は、阿部の自宅を一人で訪れる前から、けんもほろろに門前払いされるだろうと、気が重かった。
ところが、阿部は、笑顔で、
「さあ、お上がり」
と手招きした。竹鶴は、唖然《あぜん》とした。
ソファに腰を下ろす前に、竹鶴は阿部に頭を下げて詫びた。すると阿部は、
「鳥井さんから聞いております。でも私は今もウイスキーをやりたい気持ちですよ。ほ
けど銀行はんが、金貸さんというて。私も、泣きましたで。ここは日本のためや。ほ
んまもんをつくってや。この頃知ったんやけど、グラスゴーに、日本領事館みたいな
ところがあったそうや。スコットランド人が代行していたそうです。知っていたら、
苦労せずにすんだのにな」
「ほんまですか？　知りませんでした」
「リタさん、元気でっか。二人で、ほんまもんを、たのみます」
阿部の家を辞去するとき、彼は心の中でこう語りかけた。
「社長、ほんまもんのウイスキーができたら、いの一番でお届けします。そのときは、
味おうてください」
もしも北海道にウイスキー工場を造るとなると、この帝塚山から移転しなければな
らない。そうなると、暖かい土地に住みたがっていたリタを、再び寒い所に連れて行

くことになる。政孝はリタのことが心配だった。

リタは考えにふける政孝に話しかけた。

「マッサンは、私と、ウイスキーと結婚したのです。日本で、スコッチウイスキーを作るのが、マッサンの仕事です」

3　寿屋入社決定

年俸四千円、用地調査は自由にしてよい、という契約で寿屋入社が決定した。ちょうど一学期も終わりに近づいていた。桃山中学を辞めるのにも、よい区切りであった。

一九二三（大正十二）年六月、政孝は寿屋に入社した。住まいは今のままで、姫松から住吉まで電車で通った。

政孝は大いに張り切って動き回った。彼が出すプランのほとんどは鳥井によって取り入れられた。ただ、工場の建設地については意見が割れた。鳥井は「大勢の人に工場を見てもらえんような商品は、これからは大きくならない」と強く主張した。「それに北海道と消費地の東京・大阪とは離れすぎていて、輸送費がばかにならない」のが理由である。

建設地には問題があったが、竹鶴はウイスキーづくりを全部まかせてもらえることになった。

年俸四千円、十年間の契約で何よりも助かったのは、リタである。二人で働いて五十五円の家賃を払いながら質素に暮らしていたが、これで月々の収入が増え、少なくとも十年間は帝塚山にいられると思った。

まだ大正時代の日本は経済力は弱く、生活レベルも低かった。一部のインテリ層は欧米人の生活をまねてはいたが、欧米人にしてみれば彼らが自分たちに近づいているとは思えなかった。

日本在住の欧米女性たちが日本人社会になじめなかったもうひとつの原因は、夫が日本で仕事をしている間、一時的な在日生活をエンジョイする場合が多かったことである。彼女たちはいつも自分が生まれた土地である欧米の方を向いて生活をしている。日本人たちと心から親しくなろうとは思っていない。

しかし、リタの場合は違っていた。リタは、竹鶴政孝と結婚した時に、日本での永住を決めている。不安こそあったが、竹鶴政孝のウイスキーづくりに自分も一緒に取り組んでいた。そのためにも、彼女は自ら日本人になりきろうと努力をしている。

政孝の母からもらった着物を着たり、芝川家の子供や近くの子供たちと日本の遊び

「マッさんの夢はわたしの夢」と言ってリタは政孝の苦労を支えた

を楽しんだりしたことにも、彼女の日本人になろうという意志が窺《うかが》える。

仕事に意欲を燃やす政孝の姿を見て、リタはうれしかった。

夫の政孝はいつも八時前には家を出る。年俸四千円という大金は、おそらく社長につぐサラリーだろう。月割りでも、三百円以上の月給になる。摂津酒造の二倍であった。

それでもリタは、近くの日本人の子供たちへの英会話とピアノの指導は辞めなかった。日本人の子供たちが好きだったのである。初めは失業した夫にかわって生活を支えるための家庭教師であり、帝塚山学院での教鞭だった。それがいつの間にか子供たちが好きになり、一緒にグラウンドで楽しそうに遊んだりしている。

子供たちはリタを、「ミセス・リタ」とか、「ミセス・ティチャ」とか呼んだ。

前任者の二人の外国人教師には、そう心やすくは呼びかけられなかった。前任者は二人とも宣教師夫人であったが、リタの場合はそうではなく、一化学者夫人にすぎない。そして日本人の妻だった。

リタは先に夫を送り出すと、帝塚山学院まで歩いた。ときには政孝と一緒に肩を並べて出かける朝もあった。

学校までは五分もかからない。アーチ型の門をくぐり、職員室に入ると授業の準備をする。

ピアノを弾くリタ

授業内容について夫の政孝とも相談した。政孝はこうアドバイスした。

「日本の子供たちには、まず物を英語で発音させるといい。フォーク、ナイフなど、名詞を先に。特に一、二年生には興味のある身の回りの品物を見せて、正しく発音させるといいね」

リタはカーキンティロホの小学校で自分が教わった時のことを思い出した。小学校に入学したばかりの頃は、色々な絵本を見せられ、みんなで大きな声で発音して覚えた。そのあと童話を読んでもらった。

リタは家で画用紙に鳥や猫、犬、スプーン、電車、靴など、身の回りの絵を描き、下の白いスペースに英語のスペルを書き入れた。
一、二年生には絵本や自分が描いた絵を教卓に立て、まず自分が発音し、そのあと生徒に発音させる。文法は教えなかった。
五、六年生には、日常の生活を英語で話し、ガリ版刷りのテキストを読んで覚えさせた。耳で慣れさせ、目で覚えさせる教え方だが、政孝の経験に基づいたアドバイスがあった。
ある時は、自分の家に飾ってあるイギリスの人形などを箱に入れて教室に持ち込むこともしている。子供たちは、物珍しい品物に興味を持ち、全員の目が引きつけられた。

そんな時の子供たちの目はキラキラと輝いていた。

「オールライト。リッスン、プリーズ」

リタは米国女性が言う、オーケイという言葉は決して使わなかった。常に、正しくオールライトだった。そして、プリーズを付け加えた。

4　北海道の余市という場所

リタにとっても授業は楽しかった。

新入生たちは人形や鳥の縫いぐるみを見せられて、リタの発音をまねた。
五、六年生は、短い会話もやった。各学級で週に二時間の英語の授業だが、それでも一人の英語教師だから、毎日どこかの教室で教えている。
リタは「埴生《はにゅう》の宿」とか「夕空晴れて――（故郷の空）」といったスコットランド民謡を英語で歌って聞かせたりもした。

夜、帰宅した政孝にその日の出来事を話すのも楽しい日課だった。子供たちの反応を語ると政孝も喜んでくれる。発音がどうしてもうまくいかないと言うと、

「それなら、大きくアクセントするところは、ゴシック体で書いて強弱をつけるといい」

などとアドバイスする。リタはすぐに今までに書いた絵本のスペルのうち、アクセントをつける文字を鉛筆で太くなぞった。

そして翌朝、その教材をうれしそうに小脇に挟んで登校するのだった。

政孝の方は、工場建設用地探しと、機械設計で多忙だった。日曜日にも仕事を自宅に持ち込んで、図面を描いたりして、日本で初めての本格ウイスキー工場を目ざしている。相談するにもほかにわかる者は誰ひとりいない。

政孝は間もなく北海道へ渡った。反対されたものの、用地探しに出かけた。当時、大阪から北海道の札幌までは三日かかる。

函館本線は大沼《おおぬま》の手前を右に回り森に出て長万部《おしやまんべ》に着く。そして黒松内《くろまつない》、ニセコ、倶知安《くっちゃん》と山の中を走る。倶知安からは川に沿って下りとなり、仁木、余市に至る。仁木の辺りから、鰊《にしん》漁で沸く余市の海岸が見えた。そこから小樽へ出て、左手に海を見ながら走り、札幌に着く。大阪を発って三日目の夕方だった。

政孝は地図を買い、もう一度汽車で小樽へ戻った。今度はデッキに立ち、地形を確かめる。右手の石狩《いしかり》平野には白く光る川が流れているのが見える。民家は一軒もない。荒涼《こうりょう》としていた。風が寂しく吹いている。

小樽からまた札幌へ引き返しながら、今度は石狩平野を眺望した。宿に戻ると、女中に地図を見せて尋ねた。

「このあたりは何という地名だね？」

女中は政孝の指先を目で追って「江別《えべつ》」と答えた。

「江別か。川はどこから流れてる？」

「石狩川のことですか。石狩川は札幌市内の豊平《とよひら》川や夕張《ゆうばり》炭鉱の方からも流れてきて、江別で合流します。熊が出るので、行かない方がいいですよ」

このとき政孝は、ひとつのことが閃《ひらめ》いた。いくつかの川が合流する地点なら、湿気があり、長い間草が生えて堆積し、燃料用のピートになっているはずだ。

次の朝、彼は宿を引き払い、幌内《ほろない》行きの汽車で江別へ向かった。

石狩平野は唐松の原野だった。まだ開拓は進まず、原野のままほったらかしになっている。畑も何もない。そんな中に清冽《せいれつ》な水の流れがあった。

その川に入り、両手で水をすくって口に含んでみた。

「旨《うま》い！　これこそウイスキーに向いた水だ」

政孝は声に出した。やさしい水だった。

「この土地よりほかに、ウイスキーづくりに適したところはないぞ。誰の土地か知らないが、この平野は第一候補だ」

彼は原野を歩き続けた。ふと振り返ると、はるか彼方になだらかな山が見える。

「北はどっちだ。こっちだろうか」

小樽の方を指さした。

「つまり、あの山は東の方か。ということは、この平野は積雪は少ないな。うん、まさにここはスコットランドだ」

札幌へ引き揚げ、上りの小樽行きに乗り込む。小樽では、石狩川に詳しい人を探して訪ねた。

政孝が知りたかったのは石狩川の水深である。ウイスキー用の大麦をどうやって運ぶか。またビン詰めにしたウイスキーを運び出すとなると、船便しかない。

小樽での結論は、石狩川の水深が浅く、船での輸送が不可能ということだった。

次の朝、小樽から函館に引き揚げた。函館行きの汽車は塩谷の峠を越えるとやがて下りになった。右手に黒っぽい海が広がってきた。汽車はやがて平地に入り、砂浜を走る。そこから間もなく小さな駅に着く。

アナウンスはない。二、三人の乗客が降りた。レールを曲げて柱にした木造の小さな駅舎の壁を見ると「余市」とある。

札幌に行く途中で一度停車した駅だった。その時は、やけに魚くさい駅だな、としか思わなかった。魚臭には慣れたせいか気にもならない。

椅子にかけたまま窓外に目をやった。左手にはなだらかな山が迫っていた。右手を見ると、そこにも緩やかな山裾が下りてくる。平地にはリンゴの樹が一面に広がっていた。

「魚とリンゴか。食い物には不自由しないな」

そのまま余市を通過した。彼は左右の山並みを見ながら、

「どこかスコットランドと似てるな。カーキンティロホのあたりとそっくりだ――」

と、ぼんやりと思っていた。

「余市」という地名が政孝の心の底の方に、ゆっくりと沈んでいった。

大阪に戻った政孝は、鳥井に石狩平野での調査を報告した。あの土地ならスコットランドと気候が似ている上、水も良い。麦も豊富でウイスキー工場には最適だと提案した。

だが、鳥井は、相変わらず大阪近隣を主張した。北海道は候補地から引き下ろされた。

それから、また政孝の土地探しの日々が始まる。

日曜日、彼はリタを連れて歩いた。その頃、リタは体調を崩して元気がなかった。気晴らしにはピクニックが良いと思い、京都へ行くことにした。

そこにひとつの候補地があった。何度か通って目をつけていた土地だった。ほかにも佃《つくだ》、吹田《すいた》、枚方《ひらかた》（大阪府）、小林《おばやし》（兵庫県）方面を歩いたが、しかし人目につく土地となると、鉄道沿線が中心になる。人目につけば否応なく覚えてもらえる、という

鳥井信治郎のアイデアを生かすには、それらの土地は向かなかった。一番人の出入りが多いのは、京都―大阪間である。この区間は、明治末から私鉄も開通している。私鉄、国鉄のどこからでも見える土地となると、茨木《いばらき》から京都の間ということになる。

5　わたしは覚悟をしています

山崎は京都と大阪との府境にある。国鉄の東海道線が山の裾野を走る一帯で、旧道に沿って線路が緩やかに曲がる。京都に向かって右手は木津《きづ》川、宇治《うじ》川、桂《かつら》川が合流して淀《よど》川となり、一年中水が涸《か》れることがない。

政孝は何度か列車で通っているうちに、この土地を歩いてみたいと思った。左手の杉林には、たぶん、山沿いに水脈があるはずだった。

「今度の日曜日、京都の山崎へ行ってみようと思う」

リタを誘った。

リタは京都へまだ一度も行ったことがない。この機会に、ついでに古都を見てみたいと思いつき、一緒に出かけることにした。夫の政孝が工場用地探しで頭を痛めていることも知っていた。北海道での建設が鳥井社長に認められなかった夜、模造品のウイスキーを飲みながら、

「分かってくれない。立場が違うと、考え方まで違ってくる。こんなもの、ウイスキーではないのに。いつまでも日本をバカにしている。愚かなことだ」

と政孝は珍しく英語でぼやいた。

「工場はひとつしか造れないんでしょう?」

リタが夕食の準備をしながら聞いた。

「そう。ひとつだけだ」

政孝はグラスを置いた。

「それでしたら、社長さんの意見を聞くことだと思いますけど。あなたの工場ではないのですから。それに、科学に絶対ということはあり得ないと、あなたはいつか話したことがあったわね」

「言ったかな」

「私は覚えていますよ。山崎へ行きましょう。何かが起きるかもしれないもの。迷わないことよ」

リタは優しくほほえんだ。

リタと政孝は初夏のある日、京都行きの列車に乗った。高槻《たかつき》を出たあたりから、左手の窓外に杉林が迫ってきて、そのまま列車ごとぶつかりそうになった。次の瞬間、汽車は右へ緩やかに折れて下りになった。リタは思わず胸をなでおろした。

二人は次の山崎駅で下車した。駅前の道は京都から西国海道《さいごくかいどう》に通じる旧道である。馬車一台しか通れない狭さだった。二階建ての黒ずんだ古い家が軒を並べている。坂を上がると、左手からの坂道と合流した。踏切がある。右手に神社と別荘風の家もある。一帯は谷戸《やと》になっていた。その谷戸の突き当たりに神社がある。若葉が目に痛いほどだった。

「水さえ良ければここがいい」

踏切を渡ると、政孝はリタに一帯の杉林を指し示してみせた。二人はそのまま細い参詣道を山奥へと上がった。

小さな川が流れている。谷戸に集まった水が川をつくり、人家をぬい、淀川へと注いでいた。二人は石を踏みながら小川に下りた。政孝は両手にすくって水を飲んだ。

「軟らかい。この水なら使える」

「スコットランドと似ている」とリタがつぶやいた。

「確かにいい水だ。でも土地が狭いな。山を切り崩すことになる。大変な工事になるな。どうも気が乗らない。思いどおりにならないな」

英語でこの土地はあまりよくないと具体的に説明するが、リタの答えは同じだった。

「でも、マッさんのユメ。マッさんのユメ」

とリタは繰り返す。

「夢を叶えることはとってもむずかしいと思うの。でも、これから五年、十年後に夢に花が咲くわ。スコットランドのことを忘れて、ウイスキーをつくることよ。私も大阪が好きになりました。みんないい人ばかりよ」

「リタ。たぶん今の帝塚山からこの近くに引っ越すことになるかもしれないな。工場で生活することになる。また寂しい思いをさせるのがつらい」

そう言う政孝の顔を、リタは真っすぐに見すえた。

「覚悟はしていました。またここに来て、友達をつくります。帝塚山の教会にも行きますから、私は大丈夫。心配いりません。マッさんこそ、夢を完成させなさい」

二人はまた細い山道を歩いた。杉林は暗く、所々に陽がこぼれていた。風が出てきたらしく、杉林が揺れるたびに木もれ陽が岩肌に揺れる。

小さな神社の石段を登っていた時だった。

「マッさん、見て！」

突然、リタが叫んだ。

政孝はリタが指さす方角を振り向いた。

杉林の向こうに人家が見える。その先に淀川があり、川岸の向こうには石清水《いわしみず》八幡宮のある山がかすんで見えた。

「いい眺めだ。でも、ここは寂しいな。飲み水はあるからいいが、リタは買い物が大変だよ。毎日この坂道を歩かねばならない」

政孝はあまり気が進まない様子だ。

「あなたの夢が先よ。スコットランドの女たちは、イングランドと違って、決して主人の悪口は言いません。私の母もそうでした。だから父は、夜中でも病人が出ると往診に出かけられたんです。母も一緒でしたからね。でも父の仕事のグチなんか口にしませんでした」

「お母さんはどうしているだろうか。一度、日本に呼んでみたいな」

「ええ、きっとここが、気に入るわ。リタが気に入ったんですから。それに、京都は大阪から近いもの」

「ここまでは、さっきの駅から三十分だな。京都へは三十分ちょっとだ。ところで、どうやって機械を運べるかな――」

「あら、もう仕事の話ね」

リタの笑顔につられて政孝も笑顔になった。

「さっきの道は狭いし、この山道で、どうやってポットスチルを上げられるか。線路を渡らないと運べないからね。こいつは大仕事になる」

「ワット博士のこと、あなたが一番よく知っているのよ、この日本では――お分かり？」

リタはいたずらっぽく言うと、眼鏡の縁に片手をやった。

「偉大なるワット先生。ウィルソン教授に次ぐぼくの大好きな科学者ワット。そうだ、ウィルソン教授がよく言っていた。ワットは三百六十五日眠らなかったって。あの話、本当の話かな。リタはどう思う？」

「子供の時から聞かされていたわ。本当の話よ。研究室で寝泊まりして、毎日研究していたんですって。ヤカンの蒸気の話も本当のことなの。蒸気で物が動かせると知ったのよ」

「そうかワットに比べれば、ぼくは子供だな。やるたびに悩んでいる。やってみるしかないのに」

リタは両手で政孝の袖を持って引っぱった。

「また、ここにきてみましょう。これから京都のお寺を見てみたい。今度が初めてよ」

「そうだったな。ここに住むと近いから、いつでも行ける」

「ここは京都？」

「そう、向こうの山から西が大阪だ。こっちは京都だ」

「教会ある？」

リタは真剣な面持ちだ。

「ないかもしれない。仏教の町だからね」

リタは龍安寺《りょうあんじ》に連れて行ってほしいと頼んだ。リタは英語で「砂の庭《サンド・ガーデン》」と言った。有名な石庭を一度見たいと思っていた。

ピクニックがよかったのか、リタの気分は治っていた。この頃、お腹には赤ちゃんが宿っていた。

第7章　山崎への移転

1　悲しい出来事

政孝と鳥井信治郎の二人が、石清水八幡宮の工場用地の買収に取りかかっていた一九二三(大正十二)年九月一日、関東大震災が起き、東京は壊滅的な被害を受けた。この時、交通機関が寸断されてすべての物資が不足すると、鳥井は工場に眠っているヘルメス・ウイスキーや赤玉ポートワインを大阪港でチャーターした船に積み込んで東京に運んだ。東京出張所では、これを問屋に流して想像以上の巨額な利益を上げた。機を見るに敏な鳥井の面目躍如といったところである。

用地買収費もこれで楽になった。

鳥井はこの関東大震災で得た金を、山崎工場に注いだ。工場の設計、設備、機械の設計から発注など工場建設の主要部分を政孝が担当した。大麦の粉砕機と濾過《ろか》機など日本の工場で造れないものはイギリスから取り寄せなければならない。鳥井は三井物産大阪支店を通じてそれらを発注させている。

ウイスキーの心臓部に当たるポットスチルの設計に、政孝は一番神経を使った。設計図面を帝塚山の家に持ち運んでは、毎晩のように線を引き直した。

日曜日でも仕事をするので、リタに注意されるが、彼は、

「もう少しで完成する、もう少しだ。今はワット博士の心境だよ」

と、リタに心情を打ち明ける。

「まるで恋人でもできたみたいね」

政孝をからかってみたりした。

「イエス。二人の恋人のためにも頑張るんだ。ウィルソン教授やイネー博士に完成した工場を見せたいからね」

「あなたの夢ですね」

「この次の日曜日は必ず教会に行ける。きっと行ける」

しかし、それからも政孝の多忙は続いた。機械を発注した相手の会社を訪ねては、工事関係者と夜遅くまで打ち合わせをする。作業現場に立ち会って発注先の工場に泊まり込んだりまでした。そのたびにリタとの約束を破ることになる。教会へはなかなか行けなかった。

そうしたある日の夜である。リタが慌ててリリアン・ローリングス夫人に電話をし

た。

「出血がひどいの」

リリアンはリタを落ち着かせるように、ゆっくりと話した。

「早く手当てしないとね。でも大丈夫よ、私が迎えに行くわ。マサタカはいるの？」

「いいえ。仕事です」

「こんなに遅くまで？　工場を建てるので大変なのは分かるけど。会社に連絡したの？」

リリアンはあきれた、という口調になった。

「まだなの。あなたに相談してからと思ったから……。どうすればいいかしら」

すがるような声音になっていた。

「大丈夫。すぐに行くから」

リリアンの車が着いたのはそれから十分ほどしてからだった。

政孝の会社へは、リリアンから連絡した。下請けの鉄工所にいるところへ電話がつながり、政孝は打ち合わせ途中で病院へ駆けつけた。しかし政孝が着いたときには、リタはショックで話もできない状態だった。

リリアンに病状を聞き、政孝は初めて流産であることを知った。担当医師の説明では、神経性による胎盤剥離《はくり》ということだった。

「つまり、体質ですか」

「はい。初めての妊娠ですか？」

「初めてです。楽しみにしていたのに。名前も決めていたんです……」

「奥さんのあの体では、お子さんは無理ですね。とても神経が細かい。それが原因ですな。気疲れです。住み慣れない日本で、相当神経が参ってますね」

政孝はリタの苦労が分かっているつもりだった。しかし、流産の原因になるほどとは、彼は想像もしなかった。冷静に考えてみれば、心当たりがたくさんある。

医者は、これからも子供は産めないだろうと言う。しかし、政孝はその通りのことをリタに話すわけにはいかない。

「とにかく、体を丈夫にしよう。いつかまた神さまは、恵んでくださる」

政孝は、そう慰めた。

だが、リタはリリアンから状態を聞かされていた。

「私は大丈夫です。大丈夫よ。あなたこそしっかりしないと。工場はいつ建つの？」

リタはベッドの中から、聞きとれないほど小さい声で話しかけた。蒼い目いっぱいに涙があふれている。

「でも、私は後悔してない。母と妹弟たちに反対されてもあなたと一緒になったんですもの。これくらいのこと、少しも苦労だとは思わないわ。母はもっと苦労していたのよ。夜中でも病人が来ると起きてお湯をわかして、父の仕事を手伝ったわ。私は、母に比べたら、まだまだよ」

リタは手で顔をおおった。

政孝はその手に自分の両手を重ねた。

「そんなことはない。日本に連れてきたことを後悔している」

「私は後悔していません。スコットランドの女性は強くなくてはいけないのよ。夫が苦労しているときは、夫と共に苦しんで助けてあげるのよ。みんなそうして生きてきたわ。マッさんこそ、おかしいわよ」

「いや。しばらくの間、工事計画を先送りにしようと思う」

「どういう意味？」

「ペンディングということ」

「ダメです。私は明日にもここを出ます。マッさんも、仕事に出かけることです。来年の十月までに工場を完成させるんでしょ。男の約束でしょう？」

リタは政孝の手を握り返し、声に力を込めた。

2　山崎蒸溜所の建設

山崎工場は四月に起工式を行い、いよいよ工事が開始された。杉と竹林の天王山《てんのうざん》の山裾の一画を段々畑状に切り開き、山道を真ん中にして、左右に三棟の建物が並ぶ。

その中でも乾燥塔が人目を引いた。とんがり帽子風の尖塔は、関西でも珍しい。大阪–京都間の車窓から、このエキゾチックな建物が見えはじめると、乗客たちは窓から顔を出して不思議がった。

「ほう、きれいな建物やな」

「何つくるんやろ」

「小麦工場らしい」

などとささやき合った。

そのうちに工場が形を成してくる。政孝は、流産したリタの悲しさを想像した。何もしてやれないのが歯がゆかった。政孝にできるのは、仕事に没頭することだけだった。

その年の夏。政孝が渡辺銅工所の工員たちと一緒になって製作したポットスチル二基が完成した。赤銅色《しゃくどういろ》のピカピカと輝く蒸溜機は、ウイスキー製造の心臓部分に当たるものである。直径三・四メートル、高さは五メートルもある。

しかし、完成したものの、難問が待ち構えていた。それは、その巨大なポットスチル二基を、どうやって山崎の工場に運び込むかである。イギリスに発注した濾過機も相次いで運ばなければならない。渡辺銅工所から山崎までは淀川を川船で運べるが、山崎から陸揚げし、工場内に運び込めるだろうか。

山崎から東海道線の踏切までは緩やかな坂道である。しかも当時は馬車道で足場は悪い。重いものだけに、馬車に乗せることもできない。

そこで考えついたのがコロ式輸送だった。丸太棒を横に何本も並べ、台を置き、上に蒸溜機を乗せて馬車で引く方法である。前の方で丸太がなくなると、後ろの方の丸太を担いで台の下に並べる。そしてまた馬でゴロゴロと引く。

何度も休みながらの輸送になり、しかも一回引くだけでは何メートルも進まない。二基の蒸溜機はやっと、山崎工場の入り口に当たる東海道線踏切前まで運んだ。しかし東海道線の汽車が、しきりに走るので線路を渡れない。

政孝らは、汽車の間隔が一番長い夜中に運び上げることにした。丸太棒を踏切の上に並べ、ゴロゴロと音をたてながら線路越えをするのだ。もしも手間取って次の汽車が来たら大事故となってしまう。

七月二十日の夜半、こうして二基の蒸溜機を工場敷地内に運び込むのに成功する。

ほかの機械は川船で山崎まで運び、トラックに乗せて線路越えをした。

機材の取り付け現場には政孝が立ち会って指揮をする。そのために夏の間はほとんど工場内に寝泊まりした。

一九二四（大正十三）年十一月十一日、日本で初めてのウイスキー工場が、山崎に誕生した。起工式から数えて七カ月後だった。

竣工式は赤と白の幕を張り、関西の財界人や販売特約店、新聞関係者まで呼んで、盛大に執り行われた。当時の金で二百万円をかけての建設であった。

ウイスキー製造の作業員は政孝の郷里の広島県から十数人を呼んだ。手を取るように教え込む。各機械や工程はすべて英語である。作業員のために敷地内に宿泊所を建設した。場所は工場より右手の山の斜面を切り開いたところである。また、その反対側に、小さな洋館も建てた。工場長の政孝夫妻の住まいである。そこに立つと眼下のウイスキー工場の向こうに山崎の町並みと淀川が見える。

政孝は竣工式前から、この工場長社宅に住み込み、リタの待つ帝塚山には帰らなかった。

1924年７月、建設中の山崎工場にて。いちばん左が鳥井、左から４人目が竹鶴

完成した山崎工場の前で、竹鶴政孝30歳の秋

3　一日十五時間労動

リタが帝塚山学院の教師を辞めたのは、その年の十二月三十一日である。二十八歳だった。翌年の正月明けには山崎に引っ越した。

山崎の工場内の社宅に入ってからは友達は誰ひとりいない。工場からの物音や作業員のかけ合う声が聞こえてくるだけだった。この頃から夫のことを「マーさん」と呼ぶようになった。

芝川又四郎の三人姉妹が遊びに来たのは、山崎に引っ越して数日後だった。

リタはケーキを焼き、紅茶を出して談笑した。こういう時は英語だけの会話である。

「このあたり空気がきれいで、眺めもよいですね」

と一人が言うと、リタは、

「朝陽がとってもきれいですよ。朝早く目が覚めます。あなたたちは何時に起きますか?」

と尋ねた。

すると長女のゆり子が、「七時です」と答える。

「私は毎朝五時です。ここに来ましてから、まず汽車の音で目が覚めます。それから、この下の町の鶏《にわとり》の鳴き声です。帝塚山にいた時は鶏はいなくて、汽車も走っていませんでした。それから庭を散歩しますけど、ここは、とっても朝が早いの」と答えた。

「汽車ですか？　そんなに早くから走るんですか？」

「夜中には貨物列車。ガタゴト、ガタゴトって音がしたり、キーッとブレーキの音がしたり、しばらくの間は睡眠不足でした」

「ご主人も睡眠不足になっていますか」

「マーさんは平気。私が起きる頃には、もうこの下の工場に行っています」

「えっ、そんなに早くから？」

ゆり子が目を丸くした。

「そうよ。あんなに働く人、イギリスにもいませんね。私の自慢よ。マーさんは、日本人はイギリス人より一時間でも二時間でも多く働かなければいけないって言います。イギリスに追いつけないそうなの」

「イギリス人は、一日に何時間働くのですか？」

「そうですね、八時間か九時間。マーさんはランチタイムを入れて十五時間ね」

「十五時間？」

三人の娘たちは互いに顔を見合わせた。

「そんなに長く働いて、病気しないのですか？」

「はい、しません。ちょっと頭の髪が、うすくなりましたね」

四人は、そこで爆笑した。

政孝は不眠不休に近い日が何日も続いている。夜の七時頃にいったん帰ってきて夕食を食べ、また工場へ下りて行く。

広島から連れてきた作業員たちは季節労働で、ウイスキーの仕込みが終わる五月頃には広島へ帰る。それまでは休みなく働いた。

工場の社員は、工場長の政孝と事務員の白江《しらえ》蔚《しげる》の二人だけである。竹鶴は工場内を歩き回り昼食時に坂道を登ってリタのところへ帰ってくる。

作業員たちも宿舎に戻り、お手伝いさんがつくった昼食をとり、また坂を下りて工場へ行く。

夕方になるとリタは、工場の敷地内を通り抜け、線路を渡ってすぐ左の旧道を折れて町まで買い物に行く。

お手伝いさんと一緒に行く日もあれば、一人で出かける日もあった。すでにリタは米食に慣れ、お手伝いさんからみそ汁のつくり方や、タクアン、野菜の漬け方、それにガンモドキのつくり方まで教わった。

時に、ベーコンが食べたくなると、大阪まで出かけた。ついでに食パンや菓子パンも買い求め、籠をいっぱいにして帰ってくるのだった。

朝は帝塚山にいた頃と同じく、紅茶にミルクを入れて飲む。政孝も紅茶好きで、必ずカップ一杯飲んだ。

昼から出かける用事がある日は、サンドイッチをつくり、紅茶をティーポットに入れて、政孝の元へ届けた。

リタは、午前中は家にいることが多いが、午後は買い物や大阪の帝塚山学院に顔を出したりしている。

そこで政孝のウイスキー工場のことを聞かれると、

「マーさんは朝から夜中まで工場にいます。私より、ウイスキーが大事らしいの」

と言って皆を笑わせた。

その都度、芝川の家も訪ねている。帝塚山学院の教師たちが、ウイスキー工場が見たくて大阪から山崎まできた時、リタは夫に頼んで見学させた。

「いつから飲めるようになるんですか?」

と教師の一人が質問する。

「五年後です」

政孝は堅い表情で答えた。

「お酒は一年ですね」

「でも、ウイスキーは五、六年か十年です。ワインはもっとかかります。おいしい味を出すには二十年も三十年もかかるんです。でも、高いワインになります。そうですね、一本百円でしょうか」

「百円？」

「私の月給より高い」

政孝は、にこにこと笑って続けた。

「ウイスキーは、一年後でも飲めないことはありません。ですが、本当の味を出すには五、六年から十年です。ブレンドしてお客さんに出しますと、いい香りがしておいしいウイスキーになります。この工場のウイスキーを皆さんが飲めるようになるのは、大正十八年か九年ですね」

桃山中学の教師や生徒たちも見学に来た。政孝が化学を教えた子供たちは高校に入っていたが、ウイスキーの知識は全くない。どんな味でどんな香りのものかも知らない。

政孝は、ウイスキーづくりの工程を教えてみたが、やはり理解されなかったようだ。なぜ冬に仕込むのかという質問に、大麦の収穫に合わせ、冬の寒い時期に蒸溜し、樽に詰めるとおいしいのだと説明した。

工場を完成させ、河内《かわち》から仕入れた原料の麦を乾燥させて、香りをつける段になって政孝は迷った。天井に金網を敷いて、その上に大麦を広げ、イギリスから仕入れたピートを下から燃やすのだが、ピートを燃やす所から金網までのほどよい距離が分からなかった。近づけると焦げつくし、離すと不十分になる。

イギリスでの実習で覚えたはずなのだが、社宅に帰って当時のノートをめくってみても、思い出せない。

「リタは一度、ウイスキー工場を見たことがあると言ったね」

「はい。あります」

「その、大麦を乾燥させるところを見たことは」

「いいえ、ありませんね。悩んでいるんでしたら、ウィルソン教授に手紙を書いてみてはどうなんですか」

「むしろ、イネー博士の方が知っているかもしれないな」

「グラスゴーへ行きますか」

「リタは、帰りたいかね」

リタは編み物をしていた手を休めた。食卓に設計図を広げ、椅子の上で足を組んでいる夫の顔を見た。

「わたしは、あなたのウイスキーが完成するまで日本から離れないと決めたんですよ」

「完成したら行こう。とにかく仕込んでみよう。これから、また勉強だ」

「あと、五年後ね」

「五年後か。長いな」

リタはほほ笑みながら、編み物の手を動かした。白いレースを編んでいたが、間もなく出来上がる。完成したら、居間のテーブルの上に広げ、その上に花びんを置くつもりでいた。

「リタのママは元気だろうか。手紙を書いて送ろう。封筒の中に京都の絵はがきを入れてやるといい」

「……はい。もう送りました。今頃はインド洋を渡っているかもしれないわ」

リタはいつもルーシー宛てに手紙を出していた。ルーシーが母に渡してくれるだろう。

4 望郷

政孝がずっと抱いていた疑問の、釜と焚き口までの正しい距離を解明しようと、スコットランドに渡ろうとしたのは一九二五(大正十四)年六月のことである。

だが、政孝がリタにイギリス行きの話をすると、リタは意外にも断った。自分はもう日本人なのだから、帰ることはできないという。

「しかし、ルーシーからの手紙に姉さんに会いたいと書いてあったんじゃないのか？」

「いいえ。ルーシーは元気ですって。それだけですよ。母も元気です。あなただけで行ってください」

なぜ帰りたくないと言ったのか。リタは自分でもよく分からなかった。政孝との結婚に反対されたものの、母親や妹、それに弟たちに会いたくないわけがなかった。ルーシーからの手紙だけは年に何通も届いた。母親の体調がすぐれないことや、弟のラムゼイがカナダへ行った話などが記されていた。

もう一人の妹のエラはロンドンに出て会社勤めをし、グラスゴーにいるのは母親とルーシーの家族だけだという。ルーシーも結婚して二児の母親になっていた。

夫の政孝に、イギリス行きの話をされた夜、リタはよく眠れなかった。

起き上がると、居間にあるライティングデスクの蓋を開き、椅子に腰を下ろした。ショールを肩からかけ、ルーシーからの手紙をもう一度読みなおした。

「ママ……」

岡山方面へ向かう下りの列車が、レールを叩いて山崎の前を通過して行った。

その音が消えていくまで耳を澄ませていた。

リタは、母親の写真を引き寄せ、思わず胸に抱くと、

「ママ、ママに会いたい」

心の中で叫んでいた。

翌朝、リタは工場の物音で目が覚めた。

社員寮から出社した工員たちが、モーターを動かし始めたのだ。

リタはすぐに朝食の用意に取りかかった。珍しくベーコンを焼き、フライドエッグをつくった。四角いパンを斜めに切って三角形にすると、一枚の大きな皿の上に立てた。政孝と目が合うと、リタは優しく微笑んだ。

リタはイギリス行きを決めたのだった。

政孝の荷物の中には工場で出来上がったばかりの原酒のサンプルが入っていた。

リタは、政孝の洋行に先立って、ひとりでグラスゴーに向かっていた。初めての里帰りを、リタがどのようにしているのか、政孝はイギリスへ向かう船の上で想像した。

政孝は、ロンドンからグラスゴーに出て、グラスゴーから船でカンベルタウンへ行く。

イネー博士にサンプルの原酒を見せると、博士は政孝の肩を力強く抱いた。

「これが君がつくった原酒か。よくできたぞ。なるほど、これはいい。君はスコット

ランドと日本の文化の橋渡し役だね」

そう言って政孝の肩を揺すった。

サンプルの原酒の香りを何度も嗅いでいたイネー博士は、大きく頷いた。

「よくやった。本当によくやったぞ！」

博士は竹鶴の胸をどすんと叩き、抱きしめるようにした。

その日、イネー博士は、政孝が日本でちゃんとやっているかどうかをチェックするように色々な質問をした。

政孝はイネー博士に、釜の中を見せてもらうことにした。釜の焚き口に入り込み、釜の中を実測している。

出てきた時はどこに目があるのか分からないくらい、真っ黒になっていた。イネー博士は腹を抱えて笑った。

「君のように熱心な研究者は、このイギリスにもいないな。君は日本のワット博士だ」

不明だった釜と焚き口との距離も解明した上に、最大級のお褒めの言葉を贈られた。

八月に政孝とリタは、グラスゴーで再会する。離れていた時間を埋めるように、二人は熱い抱擁をした。久しぶりにリタの顔を見たとき、政孝は初めての里帰りがリタに幸福の時間を与えたことを悟った。

政孝とリタが帰国した時は、もうその年が終わろうとしている頃だった。

第8章　最後の帰郷

1　葛藤と妥協

ウイスキーの仕込みの間、資金繰りのこともあり、寿屋は他の商品の販売に取りかかった。

そのひとつが半練り歯磨きの「スモカ」である。酒店、薬局で販売した。このほかにも、昭和に入って「新カスケードビール」「トリス紅茶」も発売している。

しかし主たる商品は赤玉ポートワインだった。この儲けを山崎工場に注いだが、しかしウイスキーが市場に出るまでは、当然のごとく金がいる。

経営者としては一番苦しい頃だった。鳥井は毎日のように山崎に来ては工場を見回った。樽に耳を当てて、コンコンと叩き、

「あんばいはどうや。よう眠っとるか」

と話しかける。

鳥井にとっては、会社の命運がかかっている。

大正の終わりから昭和四（一九二九）年頃といえば、世界的な大不況に見舞われた時期で、赤玉ポートワインやトリス紅茶の売れ行きも伸び悩んだ。

取り付け騒ぎを起こした東京渡辺銀行や神戸の商社・鈴木商店が一九二七（昭和二）年に倒産したのをきっかけに、日本中が金融恐慌に襲われた。

政孝のスコットランド行きはこうした不況のさなかだったが、寿屋はその頃、日英醸造のビール工場買収に着手している。

昭和初めのビール業界も、不況の波をもろにかぶって苦しんでいた。日本には大日本麦酒、麒麟《きりん》麦酒、日本麦酒鉱泉、桜麦酒、日英醸造というビール会社があったがいずれも経営は苦しい。

日英醸造の本社はカナダのビクトリアにある。カスケード製法を採用してビールを製造していたが、日本での販売シェアは全体の二パーセントと少ない。関東大震災の被害から立ち直れず、日英醸造はついに経営難に陥り競売に出されていた。

政孝の正確な入札価格見積もりもあって、日英醸造は寿屋が落札に成功した。

一九二九（昭和四）年一月。寿屋は「新カスケード」として寿屋のビール第一号を日本中に売り出す。鳥井が初めてビール業界に進出した年であった。

しかし、寿屋のビール業界進出が、政孝と鳥井に亀裂を生じさせ、やがて二人が別れる運命になろうとは、政孝は予想だにしなかった。ましてリタがそのことを知るよしもない。

一九二九（昭和四）年四月一日。不況の中で、樽詰めされたブレンドウイスキーが「サントリー」として初めて出荷された。丸瓶に白いラベルが貼られ「白札」と呼ばれたウイスキーは、戦後は「ホワイト」の名で親しまれることになる。

このウイスキーは、竹鶴政孝の「命の水」だった。しかし竹鶴はこの年の出荷には反対だった。

「早すぎる。まだ早すぎる。せめてあと二年後なら……」

竹鶴は鳥井に出荷を待ってほしいと申し入れた。だが鳥井は、早く国産第一号のウイスキーを世に出したいという気持ちが強かった。まるで初産《ういざん》の子を待つ親の思いと似ていた。

「今度の冬で丸四年だす。わたしも、しびれがきれました。それに、皆さんが早う飲みたいと言うてな」

それでも政孝は食い下がった。

「ですが、四年目は、まだモルトが熟成に入り始めたところです。もう少し待ってもらえんでしょうか」

「そやけどな……。実はな、資金繰りのこともありますよってな。そりゃ、あんたの理想はよう分かります。けど、会社が倒れては、元も子もないよってな……。ここはひとつ、目をつむってや。全部とは言わん。最初の年の蒸溜分だけでええ」

政孝はしばらく黙ったあと、口を開いた。

「それでしたら、最初の年の分に、アルコールをブレンドしてみます」

「そうか、分かってくれたか。わては、どれだけほんまもんの誕生を待ったか、言葉には表せなんだ。今にな、日本中でこの山崎工場でつくったウイスキーが……。ええか、イギリスを飲むんやで、イギリスを！」

鳥井の目は涙で光っていた。

彼はこのウイスキーづくりのために、いくつもの事業に手を出し、資金をやり繰りしてきた。すべては山崎工場のためだった。失敗したら寿屋そのものが倒産することになる。

「そこで、あんたに了承してもらわんといかんことがあるんや。ウイスキーを売るには、どうしても何か、世間の話題になるものがないといかんと思うとる。それでな、京都大学の博士をな、表向きに使わしてもらうことにしましたんや。うちの顧問ということです。名前だけやからな」

「私のつくったウイスキーにですか？」

「宣伝だけに使わしてもらうということですがな」

竹鶴政孝は、そうした話が具体的に進んでいるのを知らなかった。

——なんということか。

腹が立ってきた。スコッチウイスキーの日本の第一人者は自分だと思っているのに、自分の知らない京都大学の教授を顧問につけるとは、納得いかなかった。

しかし鳥井信治郎はすでに決定していた。

竹鶴が何を言っても取り消す様子ではなかった。

「それとな……」

と鳥井は、机の上に白い紙を開いた。

「どうや。ええ名前やろ。第一号にふさわしい名前や」

「——『サントリー』ですか」

「赤玉ポートワインの太陽な、あれはサンや。それに鳥井のトリー、つまり太陽の鳥井、サントリーで売り出すよってな。新聞広告も派手にやるつもりや」

資金繰り、と言われると竹鶴には反論できなかった。彼の夢を叶《かな》えてくれたのは鳥井信治郎だ。鳥井に口説かれなかったら、竹鶴の夢は永遠に形にはならなかっただろう。竹鶴は妥協することにした。

こうして四月に出荷する段取りが決まった。社長の鳥井との話を終え、山崎の駅に降りた竹鶴は、重い足どりで坂道を上がった。工場に顔を出し、工員たちに初出荷の準備を説明した。

その夜、リタは、夫の様子がいつもと変わっているのに気づいた。

「マーさん。漬物ができたんですよ。わたしが初めて漬けた大根よ」

リタは、竹鶴に笑いかけた。むっつりした政孝の顔が、いくぶん和らいだ。

「もう食べられる頃かな」

そう言って、テーブルの上に置いた漬物に手を伸ばした。


三月中旬になった。山崎の山々が春の新緑に覆われるにはまだ間があったが、そろそろ早咲きの桜が咲く。何よりも淀川から流れてくる甘い風が、リタにはうれしかった。スコットランドはまだ雪の中だが、山崎では木々の芽が吹き、野鳥も鳴く。

政孝はリマを抱き上げ、ベランダに出た。眼下に、夕餉《ゆうげ》を迎える町が黒々と広がる。その町を、明かりをつけた列車が通過して行った。

彼は、社長室で鳥井信治郎に押し切られたことを思い出していた。

――立場が違えば、こういうことになるのか……。それにしても気が早い。「サントリー」とは。

その夜遅く、リタが話しかけてきた。

「マーさんは、ウイスキーの出荷に反対だそうですね」

政孝は不意を突かれた。

「もう知っていましたか」

「事務所の白江さんが心配していました。社長さんとケンカしなければいいけどって」

「その話なら、条件付きで決めている」

「それならよかった。この前、加賀さんのご主人が工場を見にきたいと言ってましたけど、呼んでいいですか」

「一度、工場を見てもらおうと思っていたんだ。あの方は世界的な登山家だから、きっと洋酒が好きだと思う。家では何を飲んでるんだろう」

「灘《なだ》――」

「ふうん。でも、そのうちにウイスキーが好きになるよ」

「ほんまに？」

関西訛りになると、リタは自分でも、おかしく思った。

「きっと好きになれる。日本人も肉を食べるようになる。それにはワインかウイスキーが一番合う。ところでリタ、『サントリー』という名前をどう思う。おかしいかい？」

「サン・ツリ？」

「ノウ。サントリー」

「おう。トリね。いい名前よ。呼びやすい」

リタは政孝の心を浮き立たせようと、目を大きく見開いてみせた。

2　社運を賭けたウイスキー

「サントリー」はこうして四月一日に、大阪を中心に発売された。

値段は一本四円五十銭とした。

日本に輸入されているジョニーウォーカーの赤ラベルが一本五円。五十銭安くしての売り出しだった。

鳥井の意気込みはすごいもので、新聞広告では日本中の読者をあっと驚かせた。

「醒《さ》めよ人！　舶来盲信の時代は去れり。酔はずや人、吾に国産、至高の美酒、サントリーウヰスキーはあり！」

工場を開放して一般にも見学させた。

人々は物珍しがったが、しかしウイスキーグラスを手にするなり、

「なんや、これ。焦《こ》げくさい酒やな」

「けったいな。飲めるんやろか」

と口々に言い合って、試飲しようとはしなかった。

関西人は灘の日本酒に親しんできた。ウイスキーよりずっと甘い。赤玉ポートワインが売れたのも、甘くしていたからだった。「サントリー」は新しいモルトでつくり、甘味は加えていない。

さすがに鳥井信治郎は、落胆した。派手に宣伝したわりには売れなかったからである。

そこで鳥井と竹鶴政孝とは真正面から対峙することになる。鳥井は売れ残ったウイスキーボトルを目の前にして、

「ジョニーウォーカーかて、まろやかではないが飲める。うちのは、たしかにスコッチや。けど、日本人の口に合うようにするのも必要やないやろか」

竹鶴には、あとせめて一年待てば、ジョニーウォーカーには負けないウイスキーになるとの自信がある。しかし経営面を考えると、そのことは口にできなかった。

「わしに、いい考えがあるよって」

鳥井は、頑《かたくな》な竹鶴とは反対に、日本人の口に合うウイスキーづくりを目論《もくろ》んでいた。それが、次に発売した「サントリー赤札」である。

しかしいずれも売れ行きは良くなかった。

竹鶴のブレンド論は、簡単に言えば、古いものに新しいものを混ぜ合わせると、新

しいものが古いものに同化されて旨いウイスキーができる。だからもう少し熟成させ、それと新しいものをブレンドさせて、いい味を出そうというものである。

日本には古い原酒がない。四年ものしかないので、モルト臭の強い、焦げついた味のウイスキーにしかならない。

大金を注いだ鳥井にしてみれば、大変な読み違いだった。当てはずれである。鳥井の情熱に応えようと政孝も努めるのだが、カラ回りの感は否めない。

この頃、鳥井信治郎は、神戸高等商業学校（現・神戸大学）を二年後に卒業予定の長男、吉太郎《きちたろう》を、竹鶴政孝の後継者に決めていた。それには、ウイスキーづくりの技術と英語力、特に英会話を身につけさせねばならない。

一九三一（昭和六）年の春には、寿屋には二つの明るい話題があった。ひとつは吉太郎の入社である。もうひとつは日本産業協会総裁でもある伏見宮殿下の山崎工場視察がある。鳥井や竹鶴にしてみれば、これまでの苦労が報われるほどの喜びだった。

吉太郎は、リタの元で英会話を身につけるため、竹鶴夫妻の家で起居を共にすることになった。

朝食を終えると夫の政孝は吉太郎と一緒に石段を下り、工場へ行く。

吉太郎にしてみれば自分から進んで竹鶴夫妻のところに居住したわけではない。あくまでも両親の勧めだったが、この生活を嫌っている様子はなかった。リタは吉太郎を、「吉《きち》さん」と呼び、英語で話しかけた。吉太郎も慣れない英語で答える。語学力はともかく、そのうちに外国人コンプレックスはなくなっていった。

伏見宮殿下の工場視察の日、リタは夫のタキシードを整え、手落ちのないように、シルクハットからネクタイまで準備した。靴もきれいに磨いた。リタも正装して出迎えた。

伏見宮殿下は三年間イギリスに駐在したことがある。竹鶴がつくったウイスキー工場には大いに興味を持っていた。案内役の竹鶴はこの日、白の手袋、黒のシルクハットを左手に持ち、工程順に工場内を案内した。

政孝は長身の殿下と護衛の武官らを先導してひと部屋ずつ進んで行く。ウイスキーづくりの歴史から始まり、製造工程まで大ざっぱに説明した。

政孝の工場案内は大成功だったと鳥井に評されると、リタも胸をなで下ろした。

発売直後は不評だったブレンドウイスキーは、その後次第に売れ始めた。一九三〇（昭和五）年の暮れには日本中から注文がきていた。竹鶴自身にしてみれば、ホワイトホースに比べると薄くてアルコールのにおいがする日本人向けのウイスキーに不満はあったが、日本中の洋酒愛好家に親しまれるだけでも良しとした。

３　養女・リマ

山崎に引っ越してからは、これまでいた帝塚山とは違って、人の出入りは少ない。リタは新しい土地での生活は苦痛ではなかったが、せっかくできた友達と疎遠になるのがつらかった。

そうした頃、帝塚山の教会でバザーが開かれた。リタはビスケットを焼いて教会に行き提供した。教会ではクッキーやビスケットなどを売った。

リタとリリアン・ローリングス夫人は、バザーの売上金を、近くのエンゼル乳児院に届けることにした。リタは乳児院へ一度行ってみたいと思っていた。政孝から、遠縁にあたる女性がお産のあとすぐに亡くなり、その時の赤ん坊がエンゼル乳児院に引き取られているのを聞いていたからだった。

リタは、その赤ん坊を自分が引き取りたいと政孝に話したことがある。流産をした後のことだ。

リリアンにそのことを相談すると、リリアンも賛成してくれた。

リタはその子を、リマと名づけた。

リマを膝の上に置いたリタは、まるで人形でも扱うように、恐る恐る手を添えている。そばで夫の政孝がうれしそうにリマの顔をのぞき込む。

三人の新しい生活が始まった。

山崎での生活は、お手伝いさんに日本料理や漬物づくり、買い物の仕方などを教わり、楽しい日々だった。

リタはお手伝いさんの仕事を手伝ったりもした。

イカの塩辛づくりも覚えた。

塩辛や納豆のにおいは、外国人女性が一番嫌ったが、リタはいつの間にか慣れていた。

何よりも生活に困らない程度の日本語、それも関西弁が話せるようになったことが、リタの生活を楽しいものにさせていた。お手伝いさんとも、関西弁で話しながら、料理を教わった。

魚を煮たり、刺し身もつくった。スープやシチュー、イタリア料理などは得意だったが、煮付け料理などは、帝塚山にいる頃は教わる機会もなければ、教えてくれる人もいなかった。和食といえばせいぜい米をといで炊いたり、魚を庭で焼いたり、みそ汁をつくる程度のことだった。ほとんどが洋食である。

幸い山崎の宿舎でお手伝いさんと親しくなってからは、様々な日本料理を覚え、政孝に喜ばれた。

新しい友達もようやくできた。ひと山向こうの、山の中腹に洋館風の家を建てて住んでいる加賀正太郎家の人々と知り合ったのである。

加賀は芝川の友人で、夫婦揃っての海外旅行の経験があった。その時、英会話の必要性を痛感していた。とりわけ加賀夫人は英会話の勉強に積極的で、山崎工場の上にリタがいるのを知り、時折訪ねてくるようになった。

その後は、リタがリマを抱いて加賀家を訪ね、英会話の家庭教師を務めた。

加賀正太郎の妻とは、その後一緒に京都へ出かけたりした。寺めぐりや、先斗町《ぽんとちょう》などを歩く。歩きながらの英会話の勉強である。清水寺《きよみずでら》を下りたあたりの茶店に立ち寄ると、和菓子を食べ、日本茶を飲む。加賀夫人が英語で菓子の説明をするのだが、あまりうまく表現できない。

だが、何度か京都や神戸、大阪に出かけるうちに、加賀夫人の英語による案内は上達していった。説明を受けるリタは、分からないところがあると何度でも尋ねた。

京都のデパートに行った時も、リタは初めて見る商品の名前を英語で聞く。加賀夫人が英語で答えると、何の原料を使っているのか尋ねる。それに加賀夫人がまた答えるといった具合で、知らず知らずのうちに、夫人の英会話力は身についていった。

加賀家の山崎の家は、もともと別荘として建てられたものである。自宅は大阪にあったのだが、商いの拡張で加賀商店の事務所として使われた。それで家族は山崎の洋館建ての別荘に移ってきた。

加賀商店は証券業のほか、企業への投資と株配当で利益を上げていた。加賀は午後からリンカーンに揺られながら出社し、役員の報告を受け、大阪倶楽部へ顔を出すという優雅な生活ぶりである。

ウイスキー産業に興味はなく、竹鶴政孝という技術者に会う機会をつくろうともしなかった。だが鳥井信治郎とは親しかったので、山崎工場の様子は鳥井から聞き、おおよその見当はついていた。

リタが夫の政孝を加賀正太郎に紹介するのはずっと後の昭和四年になってからである。

芝川家との関係は、神戸・須磨《すま》の別荘が縁であった。芝川又四郎の母が肺を患い、療養のため空気が良く暖かい須磨の別荘に住んでいた。その二軒隣に、加賀家の別荘があった。芝川又四郎の両親と加賀家の両親が、別荘付き合いをしていたのだ。

両家の子供たちは、夏になると須磨の別荘に行っては海水浴を楽しんだ。だから芝川又四郎と加賀正太郎は、子供の頃から一緒に遊んだ仲であった。

加賀は登山家でもあった。またエッセイストで、「加賀一山」のペンネームで登山誌に寄稿したりしている。

登山は、東京高等商業（現・一橋大学）時代から始めた。アルプスへ登るなど、当時の日本人としては珍しい。

芝川又四郎の弟の又之助《またのすけ》も登山好きで、大阪で山岳会をつくったとき、登山仲間として加賀と付き合っている。

加賀夫人は女学校時代に英会話を学んでいたが、海外旅行中、まったく通用せず、がっかりしていた。帰国後、芝川家を訪ねた時、芝川家の三姉妹がリタに英会話を教わっていることを知り、山崎のリタを訪ねてきたのである。

リタの社宅から加賀家へは、工場内の道路を下り、線路に沿って左へ歩き、さらに坂道を登る。時間にして二十分程度の距離である。

リタは二日おきに加賀家を訪ね、英語での会話の時間をつくった。加賀正太郎夫妻はリタがお気に入りだった。寿屋のウイスキーの話なども尋ねたりするが、ウイスキー製造がどの程度進んでいるか、リタはよく分からず返答に困る。そのかわり夫の政孝の没頭ぶりを、カタコトの関西訛りの日本語で話した。

「そんなに働いて、よう病気しまへんな。普通の人なら、死にますわな」

加賀正太郎は心配そうに言った。

「毎晩遅く戻ります。夜中に心配になって、また出かけます」

「なにせ、日本で初めてのウイスキーづくりやさかい、一生懸命ですやろ。鳥井さんも、輸入ウイスキーに負けんように張り切っているようやしな。職人さんたちも、よう働きますの?」

「はい。皆さん、英語でっせ」

「ほう! 英語で会話でっか?」

加賀は驚いたというふうに顔を突き出した。

「ピート足りん、とか、オーバーヒートやとか、言うてます」

「ほう、職人が、ですか。そりゃま、英国のウイスキーやさかいな、みんな英語や。で、誰が教えてますの?」

「主人です。マーさんですわ」

「ご主人をマーさんと、呼ばはるんですの?」

加賀夫人が、思わず声に出した。

「はい。マーさんです。マッさんとも言ったりします。おかしいでっか?」

リタが不思議そうな顔つきをしたので加賀は慌てた。

「いやいや。そうやろな。そうやろ。また外国旅行しとうなったな。今年、また行こうか。今度は、ペラペラにしゃべれるやろ。リタ先生に教わってれば大丈夫や」

4 再会

伏見宮殿下の案内から間もなく、鳥井は吉太郎の海外視察もかねて、リタと政孝夫妻をイギリスに派遣させようと思いたった。

政孝、リタ、リマ、吉太郎の四人が神戸港からマルセイユ行きのヨーロッパ航路に乗り込んだのは、一九三一（昭和六）年六月二十三日である。リタは三十四歳になっていた。

吉太郎は、初めての海外視察に興奮している。英会話もかなり身についていた。万一の場合には、リタと政孝がいる。

船は瀬戸内海を通り抜け、下関港から玄界灘に出た。長崎港に寄ったあと、上海に向かった。そこから香港へ南下し、シンガポールに寄港する。

シンガポールからは湖のようなマラッカ海峡を二日かかって通過し、途中いくつもの港に寄り、紅海に入る。スエズ運河を抜けて地中海に出るのに日本から三十日かかった。

マルセイユからは汽車でパリに行き、カレー港からドーバー海峡を渡ってイギリス本土に着く。約四十日間の、船と汽車の旅である。

リタは母や妹たちのために、京都で買い求めた人形や絵ハガキ、絹のスカーフ、靴下などをトランクいっぱいに詰め込んでいた。

リタはリマを抱きかかえてデッキに立った。ママは、リマのことを何と言ってくれるだろう。リタはリマの柔らかな頬に唇をあてた。

四人は列車を何本も乗り継いでグラスゴーセントラル駅に到着した。思い出のホテルであるグラスゴーのホテルはセントラル駅のステーションホテルだった。すでに夜も深く、四人はこのホテルに泊まり、翌日、実家へ向かった。

リタの足がふと止まる。そこからわが家までまだ百メートルほどの距離があった。じっと家を見つめる。

ポーチから、誰か出てくるだろうと見守ったが、人影はない。エラもラムゼイもいなくなり、カウン家は人の出入りする姿もない。

政孝に背中をそっと押されて、リタは我にかえった。

「さあ、行こう。お母さんがいるはずだ。お母さんは、会いたがっているんだよ」

リタはリマの手を引いて歩いた。

円型のポーチのドアを叩くと、妹のルーシーの声が聞こえた。

重いドアがギーッと開いた。

子供の手を引いて立っているリタの姿を見たルーシーは、しばらくの間立ち尽くした。

「ルーシー……」

とリタが声をかけた。そして二人は無言のまま抱き合った。

乳児のリマは、リタの腕の中ですやすやと眠っている。

「しばらく、ルーシー」

政孝が右手を差し出した。

「ママ、リタよ。ママ！」

ルーシーは奥の居間に声をかけた。

しばらくして、母のロビーナが姿を現した。

「リタ！」

ロビーナは娘のリタを抱きしめ、そして孫のリマの寝顔を嬉しそうに見つめた。

5　母、娘、孫のひととき

政孝と吉太郎が、アバディーン経由で北海に面したエルギンに行っている間、リタは娘のリマとエジンバラへ出かけた。母のロビーナも一緒だった。エジンバラにはロビーナの姉がいて、帰国の挨拶をするためだった。

伯母は信じられないといった表情で、リタの足もとから頭のてっぺんまで、じろじろと見た。リタが身につけているシャツや靴などを見た時、伯母はちょっと首をかしげた。首に巻いた絹のスカーフは、見たことのない、色鮮やかなものだった。

当時のイギリス女性にとって、日本の絹製品は憧れのシルクであった。

「もしかしてリタ、これは日本製のシルク？」

伯母はリタのスカーフを触った。赤いバラの花が浮き出ている。

「ええ、そうよ」

「なんて素敵なこと。これは？」

絹で織った、和服用のハンドバッグを指さした。

「日本のハンドバッグよ。本当は着物を着るときに、持って歩くの。マサタカに買ってもらったの。伯母さんには、これ、スカーフ。花みずきの花で染めたものよ」

京都のデパートで買った包みを手渡すと、伯母は包装紙を丁寧にはずした。中から花みずきの花弁を散らした模様のスカーフが出てくると、伯母は思わず喜びの声を上げた。

「なんて素敵なこと！　ロビーナ、見て」

伯母はスカーフを首に当てて、ロビーナに見せた。

「ええ、よく似合うわ、姉さん。私も同じものをもらったの。リタは、日本の着物を持ってきてるのよ。あとで見せるわね」

ロビーナが取りなすように言った。

「あら、リタ……。その子は？」

伯母はリタが抱いている乳飲み児に目をやった。

「私の娘です。名前はリマと言います」

リタは安らかに眠っている女の子の顔を伯母に見せた。

その日は伯母の肉料理をご馳走になった。伯母も、ようやくリタの立場を理解してくれたようだった。

政孝と吉太郎は予定どおり戻ってきた。

リタたちには故郷を去る日が近づいていた。

フランスでブドウ酒工場を見学する政孝たちに同行して、リタもグラスゴーを離れた。一行は、パリからマルセイユに出て、日本行きの船に乗り込んだ。

しかしこの旅が、リタと母ロビーナとの永遠の別れとなってしまう。

ロビーナは日本に来ることもなかったし、リタもその後、スコットランドに帰る機会を失ってしまったのだ。

第9章　苦渋の決断

1　横浜転勤

リタと政孝、リマ、それに鳥井信治郎の長男、吉太郎がイギリスから帰ってみると、社長の鳥井信治郎はビール販売の不振に苦悩していた。

鳥井信治郎が赤玉ポートワインで得た利益で買収した日英醸造の工場は、横浜の鶴見にある。ここでカスケードビールを製造販売していた。しかし売れない。市場占有率はずっと変わらず、わずか二パーセントにすぎない。

鳥井は他社が一本三十三銭のところを、二十九銭の廉価で勝負に出た。

一九三〇（昭和五）年には、「オラガビール」と名称を改めると、さらに値下げして一本二十七銭で売った。

「出たオラガビール　飲めオラガビール」

その時の宣伝コピーである。しかし東京市場での販売は失敗した。ビンの回収に苦労する。東京の酒類問屋の扱いも悪かった。

鳥井は事業縮小策のひとつにスモカ歯磨を手放すと同時に、山崎工場でのウイスキーの仕込みも一時中止した。

ウイスキー工場の縮小の噂まで広がった。

その頃だった。鳥井は、横浜ビール工場の立て直しのため、政孝にその工場長の専任となるよう伝えている。山崎のウイスキー工場は、鳥井吉太郎と工員たちが運営し、竹鶴政孝には横浜工場に専念してもらおうというのである。

竹鶴政孝が退職したいと漏らしたのはこの頃である。一九三二（昭和七）年秋のことで、ちょうど当初の約束の十年目に入っていた。

しかし鳥井信治郎としては、横浜工場を強化したく、ウイスキーで実績を上げた竹鶴が横浜工場に専念すれば、東京のビール販売もうまくいくという考えであった。

「リタとも相談します。それからでもよろしいでしょうか」

政孝は寿屋本社から戻り、初めてリタに横浜へ引っ越す話を打ち明けた。横浜のビール工場長として専任するからには、京都・山崎にはいられなくなる。

横浜と聞いて、リタは当惑した。横浜には誰ひとり知人がいないからである。

初めて日本の土を踏んだ時に見ただけの町である。しかし、夫の仕事のためとなると、反対もできない。それにしてもせっかく山崎で何人かの友達もでき、娘のリマもここでの生活に慣れてきたばかりだった。

「友達とも別れるな」

政孝は申し訳なさそうな顔をした。

「この家は、誰が入るのですか」

「さあ、分からない」

「横浜には、住む家があるんですか」

「それは、これから造るんだ。近いうちに横浜に行ってくる。家が建ってから引っ越すことになる」

政孝は間もなく横浜に出かけた。そのままひと月は帰らない。リタはリマを連れて、帝塚山のリリアン・ローリングスを訪ね、横浜行きの話をした。

「あなたが横浜に行ったら、山手《やまて》の教会を訪ねるといいわよ。私から手紙を書いておきます。大阪には戻れないのね？」

ローリングス夫人は心配そうに言った。

「たぶん、そうなるかもしれません。このところ、仕事のことで、エキセントリックになっているの。社長さんと、意見が合わないのね」

「でも、またきっと大阪に戻れるわよ。わたしもそのうちに横浜に行ってみるわ。東京には立教高等学校があるのよ。横浜にもフェリス女学院があるそうですから、困ったときは、そこへ行ってみるといいわ。そちらにも、手紙を書いておきますね」

夫人はリタの顔をのぞき込み、励ました。

「皆さんと、だんだん遠くなりそうで、本当は寂しいんです。でも、マーさんには、そのことは言えません。今、わたしがあの人につらい顔をしたら、マーさんは会社を辞めると言うかもしれませんもの」

政孝が横浜から帰ってきたのは、十二月の半ばだった。すでに社宅の工事が始まっているという。

二人は大阪でのクリスマスはこれが最後になるだろうと思った。リタが政孝を帝塚山の教会に誘ったのは、別れの挨拶のためだった。

師走の日曜日、教会のミサに出た親子三人は、そのあとローリングス家に行き、紅茶をいただいた。桃山中学、帝塚山学院、芝川家や加賀家にも顔を出した。つらいことも少なくなかったが、一番楽しかった時代を思い出して、さらなる苦悩を前に、自らを奮い立たせようという気持ちからだった。

横浜に向けて発ったのは一九三三（昭和八）年三月である。

工場の職人たちが京都駅に見送りにきた。吉太郎も駆けつけた。リタの家族とのヨーロッパ旅行の思い出を、吉太郎は大事に胸の奥にしまっていた。スコットランド地方の人たちの強い生き方をリタを通して学んだような気にもなっている。吉太郎にとってリタは、あるいは初恋の人であったかもしれない。

リタを見送る吉太郎の目には涙がにじんでいた。

2　政孝の決意

現在は横浜市鶴見区。そこに日英醸造のビール工場があった。この土地は後に森永製菓に引き継がれている。

工場は鶴見川のほとりにあったが、工場長の社宅はそこから西へ五分ほどの高台にある。リタのための洋館二階建てである。

工員たちの社宅は工場の敷地内にあり、二百人近くが起居していた。

リタは、リマを連れて、夫と一緒の車で工場へ行った。

いずれも初めて会う人たちばかりである。大勢の家族が、ビール工場での給料で生活をしている。しかし工員たちの社宅は小さく、リタは気の毒でならなかった。

リタは夫の政孝に、

「もっと広い社宅にしてあげては？」

と提案した。しかし政孝は赤字部門では本社に申請できない。黒字にしてから、改善を考えると、首を横に振った。

リタは横浜にきてから、教会で欧米人の友人とも知り合ったが、自分は日本人の妻という意識が強く、横浜・石川町の外国人住居の方角にはあまり足を向けなかった。

ただ日曜日はよく横浜の山下町に三人で出かけた。

大桟橋は、リタが日本に来た時、最初に踏んだ日本の港だ。今は懐かしさでいっぱいである。

波止場を出て左手の海際に、石造りのホテルニューグランドがあるのを知ったのはこの時である。リタと政孝、それにリマの三人は、久しぶりにホテルでフランス料理を楽しんだ。大阪ではフランス料理の店は少なかったが、横浜や神戸といった港町にはフランス料理屋が数多くある。

なかでも、ホテルニューグランドの食事は、リタのお気に入りだった。

その年の夏、大阪の芝川又四郎夫妻が、横浜のリタたちの家を訪ねてきた。

リタは手料理で、元の家主である芝川夫妻をもてなした。寿屋が製造する「オラガビール」も出した。

「どんな様子かと思いましてな。でも、元気そうでよろしい。慣れない土地やさかい、家内が心配しよってな」

「初めのうちは、やはり不安でした。教会でお友達とも仲良くなりましたけど、まだ慣れません」

リタが芝川のグラスにビールを注ぎながら言った。芝川はビールがあまり売れていないのを知って、

「でも、旨いビールや。私はあまり酒は飲めへんけど、夏やったら、この程度のものは、よろしいですな。けど、安く売って、儲かりますかな。ビールづくりはむずかしいんでっしゃろに」

政孝は、すっかり禿げ上がった頭に手をやり、ちょっと苦笑した。

「ウイスキーづくりに比べましたら、こんなにやさしいことはありません。簡単です。ただ同じビン詰めでも、箱が重いものですから、運送が大変です」

「〝オラガビール〟か。他のメーカーはん、鳥井さん流の安値販売に、手を焼いてるやろな」

「でも、問屋さんとこには儲けの少ない商品です。結構、東京の問屋さんは条件を付けてきますから、売る面で苦労しますけど、つくる方はちっともむずかしくありません」

そう言えば、と芝川は政孝の顔を見て言った。

「吉太郎君を次の社長にするために、山崎工場の社宅に住まわせてますけど、聞いておられましたか。ちと、無謀すぎますな」

竹鶴政孝は何も知らされていない。政孝は役員ではないので、寿屋の役員会が何を

どう決定しているのか分からなかった。その点、芝川は大阪にいて、鳥井信治郎の動静をある程度知っている。それだけに、竹鶴夫妻が気の毒に思えてならなかった。

芝川はビールの酔いが回ってきたようだった。

「それとも、リタさんを山崎において、竹鶴はんだけを単身で横浜に行かせるつもりやったんかいな。よう分かりまへんな」

リタは二人の会話を黙って聞いていた。リタには会社の人事のことも、よく理解できなかった。

芝川夫妻の訪問から数日後、リタと政孝は住まいを鎌倉に移すことにした。以前鎌倉に出かけた時、駅前の小さな教会が気に入ったリタは、鎌倉に住みたいと言った。京都と違って、小さな古都鎌倉は、仏教とキリスト教が融合していた。住み心地の良さそうな町に思えた。

横浜に来てから、リタは風邪を引きやすく、咳き込んだりする夜があり、政孝はリタの健康を気遣っていた。鶴見地区は工場が多い。煤煙に覆われ、晴れ間がないほどだ。体のことを思うと空気の良い鎌倉に住まいを移す必要があった。

駅前に小さな教会を見つけたある日、リタは政孝に蛇の目の日傘を買ってもらっている。今も大事にとってある。リタと政孝は、江の島で一緒に記念写真に納まった。カメラが好きだった政孝は、ことあるごとにシャッターを切った。

リタも政孝も、関東での生活には慣れたが、しかし親しい友達はなかなかできなかった。

「今度、新しく工場を造るときは、本物を建てるんだ」

と言っては、設計図面を描いてばかりいた。

鎌倉は海も近く、水辺に立つと息抜きができる。リタはこの土地なら、生涯住めるような気がした。

しかし、そうした平穏な生活は、そう長くは続かなかった。

一九三三（昭和八）年十一月、竹鶴政孝の母チョウが危篤だという知らせが届いた。スコットランドへの留学に反対したチョウは、最後には賛成してくれた。リタとの結婚も許し、リタに着物を縫ってくれたり、食事のつくり方を教えてくれたりした。

政孝は横浜で母危篤の知らせを聞くと、急遽《きゅうきょ》、その日の夜行列車で大阪に出た。そこから広島の竹原へ急いだが、母の臨終には間に合わなかった。

母の死で、政孝は何かふっ切れた気持ちになった。それまで心の中でいつか会社を辞めなければと思い続けていたが、母の死が、政孝に決断させた。

「俺も四十だ。この機会に、自分の工場をつくろう」

そう心に決めて、鎌倉へ引き返した。

政孝の脳裏に、北海道の風景が浮かんできた。

江の島の海辺で記念撮影する政孝とリタ

3　寿屋を退社する

　鎌倉に帰ると、政孝はリタに寿屋を退職する旨を打ち明けた。彼にはあと一年間食べて行けるだけの貯金があった。それに十年間ほど勤めた退職金を足せば、二、三年は借家住まいでも生活できる。

「これで、大阪に戻れるのね。芝川さんに姫松の家のこと、手紙でお願いしていいですか？」

　政孝は重大決意を明かしたつもりだったが、案に相違して、リタはほっとした顔をした。詳しい事情は分からないものの、政孝のつらい立場を、やはり感じ取っていたのだろう。

　しかし政孝はまだ鳥井社長に退職の意思を伝えていない。年明けに大阪本社へ行って話すつもりだった。

「でも、いずれ大阪へ戻れますね」

「正月になったら大阪へ行く。芝川さんにお願いするのは、その時でもいいと思う」

「誰か知らない人に貸したりしていませんか」

「その時は、また借家を探そう。京都の嵐山が好きだと言ってたね。そこに住むのもいい」

リタの顔が明るく反応した。

「嵐山、好きですよ。本当に京都へ？」

「だから、芝川さんには、まだ連絡しないでほしい」

だが、政孝が、自分の会社を北海道につくる考えだということは、リタは想像もしていなかった。

それからしばらくして、ビール工場の身売り話があって、政孝を驚かせた。この工場売却の話にしても工場長の政孝には一切、相談がなかったのだ。動揺する工員たちと共に政孝は苦しみ悩んだが、結局工場は売却されて、寿屋は利益を得た。どちらに非があるというよりも、事業主の鳥井と、技術者の政孝とは、やはり考え方に大きなへだたりがあったということだろう。

一九三四（昭和九）年三月一日、竹鶴政孝は、十一年間勤めた寿屋を退職した。

第10章　冬の余市

1　竹鶴、資金作りに奔走する

政孝が、長年心の中で温めていた構想を実現させる時がきた。新工場の建設地は、技術者の目から見て最適の北海道とし、あれこれ考えた末に、かつて訪れた余市に決めた。

政孝から余市でのウイスキーづくりを打ち明けられた時、リタの心は複雑に揺れた。政孝のウイスキーにかける情熱は、彼の留学時代から十分に理解していた。そこに惹かれて結婚し、遠い東洋の国にやってきたとも言える。

異国で生活するリタに、政孝は常に優しかったし、二人で数々の苦労を乗り越えてきた。そこに何の不満もない。ウイスキーづくりへ向けて前進しようという政孝に協力するのは、当然のことであろう。それはよく分かっていた。ただ、夫の人生を支えるだけの自分の一生というものに、ふと疑問を感じたのも事実であった。

この人の人生は、スコットランドのウイスキーをつくるしかない人生なのだ。そう考えると、むしろリタは気持ちが楽になったが、鬱懐《うつかい》は完全には晴れなかった。

これからも、夫と二人で歩き続けるしかない。

しかし、竹鶴夫婦には当面の生活費はあっても会社を興《おこ》す資金はなかった。

「なんとか、芝川社長や加賀社長さんに応援してもらおうと思う。リタにお願いがあるんだ。一緒に大阪へ行ってくれないか」

政孝がリタに相談した。

「あなたは、亡くなったお母さんのためにも、決意したのですね……」

政孝の真剣な目を見て、リタは大阪行きに同意した。

「分かりました。リマも連れて一緒に行きます。早い方がいいですね。明日、行きましょう。しばらくローリングス夫人にも会っていないので、会いたいですもの」

翌夕、三人は鎌倉の家をあとにした。

京都駅に着いたのは朝方だった。三人は京都駅のレストランで朝食をとり、大阪行きの普通列車に乗り換えて山崎駅で降りた。

リタには懐かしい駅だった。ホームに立つと、寿屋のウイスキー工場の煙突から薄煙が上がり、大麦の焦げるにおいが漂ってきた。その工場に行けば知り合いの作業員たちがいる。工場の突き当たりには、まだ社宅も残っているはずだった。

しかし、リタはホームから階段を下り、改札口に出たものの、もうウイスキー工場の方を見ようとはしなかった。

リタたちの足は工場ではなく、京都寄りの加賀家への坂道に向かっていた。

加賀正太郎は政孝たちの来訪を喜んでくれた。加賀家の応接間で政孝は余市工場の計画のアウトラインを説明した。

政孝の声は自然に熱を帯びていた。

「ふうん……。余市はそんなに適してまっか？」

加賀は、首をかしげた。

「もう一度、行ってみるつもりです。鰊とリンゴがたくさんとれるところです」

「リンゴかいな」

「はい。リンゴジュースがつくれます」

「ほう。それはいい。リンゴジュースなら栄養もあって、ええな」

しかし新会社を設立するとなると、加賀は、自分一人では心細いと渋った。

「それにな、やっかいなことになりまへんか。鳥井さんが、黙っとらんと思うけどな。ああいう性格の人や、ウイスキー工場は山崎だけでええと言うし、猛反対するかもしれへんで。それが心配や」

「ですが、ウイスキーは五年から七年かかります。その間はリンゴジュースをつくり、売って行こうと考えております」

加賀は小さく頷いた。

「なるほど、それはええ考えかもしれんな」

「大麦もピートもたくさんあります。それに水も――」

政孝の言葉をさえぎるように、加賀はズバリと聞いた。

「で、工場を建てるのに、何ぼいりはる？」

「二十万円と見ております。土地代は安いのですが建築費、機械の購入代が主なところです。なにしろ、リンゴも大麦も大量にありますから、原料手配には苦労しません」

「寿屋はんは二百万円やったな。ほんまに二十万円ですみますか」

政孝は芝川又四郎にも共同出資者になってくれるよう頼むつもりだと言った。芝川と加賀は子供の頃からの知り合いでお互いに気心は知れている。政孝とリタが頼めばきっと協力してくれるだろう。

しかもリタと政孝は、芝川家と家族ぐるみの交際を何年も続けているのだ。

結局この日、加賀は、よく考えさせてくれという態度のままであった。

リタは「考えさせてくれ」との意味が理解できないまま、加賀家を後にした。

リリアン・ローリングスに電話をかけると、教会で会いたいとの返事である。ローリングス夫人はリタに会うなり顔を曇らせた。

「顔色が悪いけど、どこか具合が悪いの？」

リタは慌てて、首を振った。

「どこも、悪くないわ」

「そう。でも、ちょっと元気ないわね」

夫の仕事が原因とは分かっている。しかしそれは口にできない。余市工場の計画が進んだら、また見知らぬ土地へ移ることになる。新しい土地に移るのは嫌いではないが、できるなら暖かいところにいたかった。例えば鎌倉や逗子といった湘南は、海も近く気に入っていた。しかし、今の正直な気持ちを話せば、愚痴に聞こえる。

だからことさら元気があるように、笑ってみせた。

「リマがいるから寂しくはないのよ。いつも話し相手なの。とっても楽しい毎日を過ごしてるわ」

リリアンには、リタに何か起きていると、察しがついていた。

2　ついに「大日本果汁株式会社」誕生す

次の日、政孝とリタ、そしてリマの三人は揃って芝川家を訪れた。横浜で会ったきりだったが、今度は、会社設立の相談である。リタが心配することではなかったが、夫の気持ちを考えると、一人にはできない。あいにく芝川又四郎は、会社に出かけて不在だった。会社は大阪市道修町にある。

リタと政孝が帝塚山の自宅に来ていることを電話で聞いた芝川は、その日、仕事を早めに切り上げて帰ってきた。

政孝は芝川に、余市での計画を打ち明けた。芝川はちょうど北海道に興味を持っていた。鹿児島県の枕崎や宮崎にも土地を買い、農園を経営していたが、北海道のリンゴ農園には前から目をつけていて、大阪の知人たちにリンゴジュースの効用を聞いたりしている。

この日、政孝は自宅でつくったリンゴジュースをビンに入れて持参していた。それを、芝川に差し出したのである。

芝川は、ひと口飲んでみた。

「うーん、これは旨い。いや、ちょっと酸っぱいけど、いける。健康にいいわな。サイダーはただの砂糖水やし。けど、余市ではリンゴ汁で失敗した人がおるそうですな。秋田でも森永製菓さんが、やはり失敗しておると聞いてます」

芝川の勘は鋭かった。情報も早い。

芝川は二つの失敗例を挙げて政孝の反応を見た。すると、政孝も十分知っていて、専門家としての知識を披露した。

「あれはリンゴをしぼって漉《こ》しただけですから、すぐに変質したんです。私のは違います。これは、ひと月大丈夫です。なぜなら、リンゴをしぼった時、どうしても皮の赤い汚れが残りますが、酵母菌を入れますと透明になるんです。さらに防腐剤を入れて殺菌し、ビン詰めしますから、製造方法が全く違います」

「なるほど、酵母菌ですか」

芝川は、ビンを目の高さに持ち上げて眺めた。

「それを、病院で売るわけです。患者さんは元気になります」

「北海道の人口は三百万人ですやろ。一人一本飲んで、三百万本。年に一本買うてくれるやろか。寿屋さんのウイスキーがそうでしたが、初ものはなかなかむずかしいですな。もしも売れなかったら、どないします？」

その時にはリンゴジュースを回収して樽に詰め、フランスで売られているカルバドスをつくって販売するアイデアを説明する。政孝は必死だった。

そこまで聞くと芝川は、納得した表情になった。

「ほんなら、私からも加賀さんに頼んであげましょう。二十万円で土地も機械も買えるんでしたら、寿屋さんの一割ですむ」

芝川の決断は速かった。

しかし芝川一人ではリスクが大きい。芝川は、加賀正太郎、それに竹鶴本人の三者出資ということでスタートさせようと構想を描いた。

「けど、リタさん。あんたも、熊の出る余市に行かはるんですか。いっそ、この大阪にいてはどないです？」

リマを膝元に置いて黙ってソファに腰かけているリタに、芝川は話しかけた。リタは、ちょっと返事に困った。

しかし、リタの考えはもう決まっていた。夫の政孝だけを余市にやっては、大きな仕事はできない。山崎工場をつくる時の政孝の苦労を見ていただけに、どうしても政孝の近くにいてやりたかった。

何も手助けできなくても、傍らにいてやるだけで、夫は仕事に没頭できるだろう。今度は後へ引けない勝負の事業である。自分だけが、居心地の良い土地にいるわけにはいかなかった。

「私もリマも、一緒に行きます」

内心の複雑な思いをおさえて、リタは笑顔をつくった。

「大変やな。これからは暖かくなるからええけど、冬になると、頭の高さまで雪が積もるそうやで。いくら、スコットランドで雪に慣れているとはいえな。冬はここにおって、夏の間だけ余市へ行くようにするのもええのとちがう？」

リタに同情する芝川の言葉を、居心地悪そうに聞いていた政孝が口を開いた。

「しばらくは鎌倉にいてもらい、住む家が出来上がったら余市に呼ぶつもりです」

「そこまで決められましたか。大変なことですな。竹鶴さんが余市に工場をつくらなければ、リタさんも北海道へ行かなくてすむのに。リタさん、こんなつもりではなかったんでしょう？　日本に来たのは――」

リタはまた返事に困った。これまでのことを思い返すと、ほとんど自分の意思ではなく、政孝だけの都合で住む場所が替わった。しかし、今度だけは、最後になりそうに思えた。

政孝は広島の竹原へ往復したりと忙しい中、スコットランド留学中に知り合った柳《やなぎ》沢保恵《さわやすとし》伯爵のもとを訪れている。柳沢は金魚で有名な大和郡山十五万石旧藩主の家系の養子である。統計学の権威で、加賀は学生時代に柳沢の指導を受けたことがあり、加賀の恩師である。政孝はこの柳沢にも協力を依頼した。

設立計画は、芝川又四郎の強力な後押しで進んだ。芝川は竹鶴夫妻に対して最初から同情的だった。鳥井信治郎と行き違い、退職するいきさつを聞いているうちに、リタのためにも、何かしてやらねばならないだろうと思っていた。リタは三人の娘たちの先生だし、何より芝川自身が、リタたち夫婦を気に入っていた。しかも政孝からリンゴジュースのサンプルを見せられた時、芝川はこの新事業を面白いと直感している。

「先端を行く事業だが、これはいける」

と踏んだ。だが加賀の場合は違う。当然ながら、あくまでも投資家として計算した上で、判断しようとした。

こんなエピソードがある。芝川が竹鶴の事業への協力を頼んだとき、加賀は、

「あんたは竹鶴夫妻を助けたいと思ってそう言うのか。それともこの事業は将来有望だと思ってそう言うのか。有望だと思うのなら、私も半分引き受けましょう。しかし個人的な同情から竹鶴君を助けようというのなら、私はお断りです」

とピシャリと言ったという。

芝川による加賀正太郎の人物評は「非常に頭が良く、冷静で、勘のよく働く人」である。

芝川は加賀と柳沢伯爵の二人を自宅に招き、ツメの話をしたときのこと。

芝川はその席でこう提案した。

「十万円あれば余市にリンゴ園と工場敷地が買えるそうだから、竹鶴君に余市へ行ってもらい、土地を手に入れることにしました。どうでっしゃろ」

加賀は、慎重な言い回しで答えた。

「けど、鳥井さんとケンカしてはあきまへんな。ウイスキーづくりは困ります。リンゴジュースの製造販売事業だけでも、相当苦労しますよ」

柳沢の方は、リンゴジュースやシャンパンがヨーロッパの食卓を飾っているから、いずれ日本でも需要が伸びるだろうと、統計学者らしい見解を示した。

これには、教え子の加賀も、腕を組んで黙るしかなかった。恩師に将来を予測されては反論もできない。

この夜、ひとつの結論が出た。

ともかくリンゴジュースの会社を設立させる。

また資本金十万円で、本社を東京に設ける。ただし経理部門は大阪の加賀商店に置くことにした。これは芝川と加賀の目が十分に行き届くようにという配慮からであった。

新会社の名前は、当時流行していた「大日本」をとり、「大日本果汁株式会社」である。竹鶴は、寿屋のビール工場が大日本麦酒に買収されていたので「大日本」の名をつけることに最初は反対したが、この際はと、意見を取り入れている。

後日、役員及び担当などの人事が決まった。

取締役専務に竹鶴政孝と、加賀商店の番頭である上住卯一がなる。

取締役と監査役はいずれも加賀、芝川、柳沢と竹鶴が選ばれている。

後々、経理の四方芳松《しかたよしまつ》、豊田万年《とよだまんねん》、広告宣伝はアメリカのコマーシャル・アート・カレッジ出身の染谷英一郎《そめやえいいちろう》、フォアマン（工務長）として寿屋のビール工場出身の牛尾元市、五十嵐留治《いがらしりゆうじ》らが社員として入社する。技術部門は竹鶴の担当である。

東京には主として販売社員を置いた。大阪には経理と広告宣伝担当社員を置き、余市は当然ながら技術関係者。寿屋のビール工場出身者は「オラガビール」を製造販売していたことから、「オラガ社員」と呼ばれた。

工場の作業員は、竹鶴、牛尾、五十嵐が中心になって、現地の余市で採用した。

一九三四（昭和九）年七月二日、大日本果汁株式会社は、こうして正式にスタートした。資本金十万円。株主は前述のように芝川、加賀、そして竹鶴である。

3　余市の町民に歓迎される

竹鶴が用地手当てのために余市に行ったときは、山も畑もまだ雪に覆われていた。

リンゴ畑を巡り、余市川の上流のあたりを歩き回った。航空写真を手に入れ、それに熱心に赤線を引いたり、買収予算を何度も計算し直したりと忙しい日々を送り、また大阪へ引き返すと芝川に報告する。

鎌倉にリタとリマを残したままで、余市にはまだ住む家はない。ひとまず駅前の旅館に泊まり込んでは、地元の人々と交渉を進める。

七月に会社が登記され、役員人事が決まると、彼は余市の工場敷地内に、横浜から連れてきた牛尾、五十嵐の二人の家族たちの社宅と自分の住む家を準備した。いずれも古い建物を買い取り、工場内に移したものばかりである。家とは名ばかりの廃屋に近いものである。これらを格安で買った。

余市は積丹《しゃこたん》半島の入り口にある町だ。小樽と並び鰊漁で賑わった。余市はアイヌ語でイヨティーンと呼び、〝蛇のように曲がりくねった大きな川のある場所〟という意味である。麦芽を乾燥させるのに必要なピートが取れ、ウイスキー製造には恵まれた環境である。

当分はリンゴジュースをつくらなければならないが、政孝は将来に期するものがあった。だからこそ、余市の地にこだわったのである。

余市は明治維新後、会津を追われた旧藩士たちが中心となって開拓した町だった。小樽から船で余市の浜に降りた旧藩士たちは、黒川村に百五十戸、山田村に五十戸が居住し、ここから寒さと飢えと、熊との闘いが始まる。

開墾には南部から木材を買い込んで余市に運び込み、まず住む家を建て、それから樹木の伐採に入った。

『余市農業発達史』にその頃の様子がこう記されている。

「余市川河畔は湿地帯で、焼畑をしようにも湿気が多くて燃えず、伐り倒すよりほかなかった。二抱えも三抱えもある巨木が天を遮《さえぎ》り、薄暗い密林の真ん中では、先を歩く人影すら見失いがちだった。馴れない手でのノコひきも容易なものではなかった。空腹のため、遅い帰りを案じて尋ね歩くと、根元に倒れていることも稀《まれ》ではなかった。空腹のため、意識を失っているのだった」

また同書には余市での欧米種のリンゴが栽培された記録もある。北海道開拓次官の黒田《くろだ》清隆《きよたか》がアメリカから取り寄せた種から苗木をつくり、やがて花開き結実したとき、会津からの開拓民は躍り上がって喜んだという。一八七九（明治十二）年、赤羽源蔵《あかばねげんぞう》という人物が所有する樹に実をつけたそうだ。

リンゴ植樹の指導者は黒田清隆が招へいしたホーレス・ケプロン、クラーク・ライマン、ダン・クロフォード、ルイス・ベーマーの四人。

ところで、北海道は火事の多い土地で、一九三四（昭和九）年三月、函館の大火は関東大震災以来という猛火に二万二千六百戸が焼き尽くされ、死者六百五十人を出す大惨事となっている。政孝が余市入した前後の昭和七年と八年、この余市の町も大火に見舞われている。

竹鶴政孝は余市の埋め立て地を買い求めていた。大火で町民たちが打ちひしがれ、なかには夜逃げをする者もいた頃だ。

ジュース工場の進出計画には、町長以下全員が賛成し、町を挙げて協力している。こうしたこともあって、予算内で広大な敷地とリンゴ農園が買えたし、また余市の人たちも救われることになる。

工場や社宅建設の際には、無料で奉仕するなど、余市の男も女も竹鶴たちを快く受け入れてくれた。

4　売れないリンゴジュース

建設工事は七月の中旬頃から始まった。まず小さな事務所が出来上がった。敷地の中央、十坪ほどの石造りの建物で、そこでこれからの建設の打ち合わせをした。この建物は現在も残っている。

竹鶴政孝と牛尾、五十嵐は、さっそく人集めに取りかかった。

幸い、ビン詰め工程は横浜のビール工場で体得している。牛尾と五十嵐の二人は、機械工を集めるために横浜へ戻った。牛尾は竹鶴の指示のもとに、ビール工場にいる軽部と杉野、菊地らを口説く。五十嵐は藤木、中山らを説得して余市に連れて帰った。幹部技師をスカウトし、工場敷地内に黒い木造の社宅も建てた。間もなく工場も完成し、機械の据え付けも終わった。

作業員は余市の主婦や男たち。人手に不足はない。たわわに実ったリンゴが馬車で運び込まれ、小山のように積み上げられた。

十月、早くも冬の気配が感じられる余市川のほとりで、「大日本果汁株式会社」のジュース製造が開始された。

フランス製のコンセントレーター（濃縮機）でつくったジュースはビタミンが壊れずにたっぷりと入っている。ビン詰め一本の定価は三十銭。一本に付き五個分の果汁をコンクしてあり、栄養満点だ。北海道のめぼしい病院で愛飲してもらえるだろうし、全国で売れるだろう、と政孝には自信があった。

だが、最初のリンゴジュースは失敗だった。まだラムネやサイダーさえ贅沢《ぜいたく》な時代でリンゴジュースは一般の人の嗜好に合わなかったし、値段も高かった。北海道の病院では買ってくれたが、東京や大阪では輸送手段に問題があり、返品騒ぎにまでなった。

東京や大阪へは、余市から小樽まで運び出し、小樽港から船で送った。しかし途中で他の積み荷もあり、到着は遅れた。なかには、ラベルのノリにカビがはえて、商品として出せないものまで出てしまった。

そればかりか、東京に着いたビンの中身が白く濁り、返品されることもあった。

空きビンの回収に、思いのほか手間取ったりもした。

新聞に大きな広告を出してみたが、売れ行きは好転しない。

販売がうまくいかないことはすぐに大阪に知れ渡った。専務の竹鶴政孝は状況説明のため、重い足取りで大阪へ向かった。

販売会議の席上、加賀正太郎は毎月の運転資金を融通している立場から、採算と見通しを心配して政孝を問い詰める。

政孝は輸送手段が悪いためと言いわけをするが、加賀はそのうちに怒りだしてしまった。

「もうええ。大損した！」

終始、気まずい思いの会議だった。

この会議のあと、竹鶴はリタと娘のリマの待つ鎌倉に久しぶりに立ち寄った。

ジュースの売れ行きが良くないこと、それで大阪で叱られたことなどを政孝から聞かされたリタは、夫の体調を心配したが、リタの目には政孝はむしろ少し太ったように見えた。

余市工場の前に山積みにされたリンゴ

政孝は家もできたし今度のクリスマスは余市で一緒に過ごせるとリタに言った。娘のリマは大喜びした。

「教会があるかしら？」

とリタが尋ねると、政孝は首を横に振った。

「――でも、隣の小樽にはある。小樽はとても賑やかな港町でね。そこに行こう。きっと友達もできるよ」

「余市から遠いんですか？」

「いや。汽車で三十分。二つの山を越えて行くんだ。小樽は、多分気に入ってくれると思うよ、余市は寂しいところだけどね」

リタは、遠くを見るように目を細めた。

「大阪の社長さんたちは、怒っているでしょうね。芝川さんは、お元気でしたか？」

「元気、元気。……きっと、いまに全部うまくいくよ。今年は駄目でも、来年は必ず」

「わたしもリマも、一緒に働きますから、きっと良くなるわよ」

「それじゃ、親子三人で売り歩くかな」

珍しく政孝が軽口をたたいた。

「ええ。行きましょう。イギリスのよりおいしいアップルジュースですよって宣伝するの。この前のジュース、とってもおいしかったもの」

半年ぶりの家族揃っての夕食は楽しかった。

翌日、三人は散歩に出た。二、三の寺を巡り、由比ケ浜《ゆいがはま》の砂浜に立つ。潮風は冷たかったが、リタは久しぶりに心の安らぎを感じていた。

しかし、日本を取り巻く状況には、暗雲がたれ込めていた。

この前年、日本は国際連盟を脱退し、リタの故郷イギリスと日本の距離は、ますます遠くなっていたのである。

この日は、リタの明るさが政孝を元気にさせたが、政孝はその日の夜には、北海道へ発たなければならない。

社員の給料を急いで届けるためだった。

第11章　秘かなる策

1　リタとリマ、余市にやって来る

余市の冬は早い。十一月には降雪がある。十二月に入ると積もりはじめ、一メートルもの雪に閉ざされる。

リタと娘のリマが北海道へ渡ったのは、一九三五（昭和十）年の秋だった。鎌倉の借家にはたぶん戻ることはないだろうと思い、家主に返し、不要な家具は処分した。リタとリマの二人は上野から青森行きの夜行列車に乗り込んだ。上野－青森間は速いものでも十五時間近くかかる。当時、列車で旅をする子供をつれたイギリス人女性は珍しい。汽車の中ではじろじろと好奇の目で見られた。リタがいくらかうまくなった日本語で話しかけても、乗客たちは、かえって驚いて寄りつかなかった。

青森には翌日の昼前に着いた。リタとリマは駅前の旅館で一泊し、翌朝、一番の連絡船に乗り、函館に渡ることになる。

古びた待合室に風が吹き込む。人の声もどこか寂しげである。リタは政孝に書いてもらった北海道の地図を鞄の中から取り出し、膝の上に広げた。手書きの地図はローマ字で記されていたが、ここまでどの駅名の漢字も、リタは読めなかった。果たして無事に余市へ着けるだろうか。

連絡船が、岸壁を離れた時、自分はこれからどこへ行くのか、ふと分からなくなってきた。

デッキは肌寒いので、一等船室に戻った。客は少なく、ほとんどの人が、船底の三等船室へ下りて行った。

函館へ着いたのは昼前だった。連絡橋を渡る時、今しがた降りたばかりの波止場を振り返った。なぜか二度とこの港に来ることもなさそうに思えてくる。

函館から余市までは七時間かかる。汽車はあえぐように走る。車内には数えるほどの人しかいない。

列車は駒ケ岳の裾を走り、半周すると森駅に出た。右手は海だ。しばらくの間、海岸線を北上した。人家はほとんどない。

長万部駅で、三十分ほど停車した。リタは窓ガラスを拭いて外を見た。何もない駅だ。小さな駅舎がある。人が乗ってくる様子もない。

リタは男に声をかけられて目を覚ました。しばらく眠っていたようだ。誰も知り合いはいないはずだったが、男はにこっと笑って帽子を取った。

「五十嵐です。覚えていますか？」

その男は言った。

「ああ、五十嵐さん！」

リタは、横浜工場にいた五十嵐留治をよく覚えていた。立ち上がり、白く細い手を差し出した。

「ボスに、迎えに行くように言われました」

「ボスって、マッさんのことですか？」

「はい。私らは親方と言ったり、ボスと言ったりしています」

五十嵐は、朝の上り列車で長万部まで来て、函館からの下り列車を二時間近くも待っていたのである。

「もう心配いりません。リマちゃんも、お疲れでしたね。もう、安心していいですよ」

気笛を合図に、小樽行きの汽車は再び動き出した。煤煙が一帯を黒く染めた。

それから二時間ほどたっただろうか、五十嵐に声をかけられた。

「あれを――」と五十嵐が左手の窓を指さした。

汽車は仁木駅に停まっていた。リタは窓外に目をやった。白い山並みが続いている。

リタは、その風景を、いつかどこかで見たような気がした。すぐには思い出せなかった。五十嵐が、

「似ていますか？」

と聞いた。そのときになって、

「――そうだ。クリスヒルだ」

思わず英語で叫んだ。それから日本語に戻った。

「カーキンティロホね。わたしの生まれ故郷に、クリスヒルという丘があるの。そっくりよ、夢を見ているみたい」

「実はボスに、奥さんに見せるようにと言われていたんです」

五十嵐は、ほっとしたように笑った。

黒い煙を吐きながら汽車は森林の中をなおも走り、やっと余市駅にたどり着いた。

驚くほど大勢の大日本果汁の社員たちが出迎えていた。

この時の光景をリタは一生忘れなかった。小さなプラットフォームからこぼれ落ちるほどの人であった。胸が熱くなった。デッキに男たちが駆け寄ってくる。

余市駅に蒼い目の外国人女性が降りたのは、この日が初めてであろう。

背が高く、色白の顔に縁なしの眼鏡をかけたリタを見た時、出迎えの人々の中から誰ともなく、

「きれいだな」

と声が漏れた。

竹鶴政孝がタラップに近寄り、リマを抱き上げた。その後ろから山のような荷物を両肩に担いだ五十嵐が、荷物を壁にぶつけながら、必死の形相で降りてきた。

「紹介します。私の妻のリタと娘のリマ」

政孝が大きな声を出すと、リタは足を揃えて日本式に両手を膝に置き、頭を下げた。

「お世話になります」

どこからともなく、大きな拍手が起きた。どの顔も皆うれしそうな表情があふれていた。

一行はそのまま、駅前広場を工場へ向かって行進するように歩いた。道路を隔てた向こうの広い空き地に、平屋の工場が三棟並んでいるのが見えてきた。窓のすき間から白い蒸気が噴き出ている。ふと、リタは足を止めた。

「ここが、マーさんの夢の工場。そして私とリマの、生涯の町――」

小さく呟いた。

2 甘いリンゴジュース

事務所の後ろ、切妻型の緑の屋根の建物がリタたちの家だった。二階に上がると、工場の敷地が見下ろせる。バラックの工場と石造りの事務所以外はすべて中古の家を買って運び、手を加えて建て直したものばかりである。資本金十万円の会社にしてみれば、それが精いっぱいだった。

長旅の疲れから、リタは二日ほど寝込んだ。工場に顔を出して社員たちに挨拶したのはそのあとだった。三つの工場では、天井からぶら下がった裸電球の明かりの下で、社員たちが蒸気にまみれて働いていた。リタは、牛尾元市に案内されて、

「私も一緒に働きます。よろしく」

一人ひとりに声をかけて回った。

十月に入って、親子三人で小樽に行き、教会を訪れた。

札幌にはもっと大きな教会があることを知ってリタは安堵した。

小樽の町並みをリタは一目見て好きになった。駅の玄関口から坂が海に向かって下っている。イギリスに多い石造りの銀行や船会社の建物がある。どこか、リバプールの町を連想させた。

リタは、ピアノなどの大きな荷物を船便で送っていたが、やっとそれらは半月後に小樽港に着いた。

荷物の中には、リタがスコットランドから持ってきたヒッコリーシャフトに、羊の

皮でグリップを巻いたゴルフクラブもあった。

その年の暮れは、家族三人でスキーに出かけたり、小樽の教会でクリスマスを祝ったりした。

新年の工場の稼働は一月四日からである。朝、目が覚めてみると、外の雪は凍りついている。五十センチもの長さのつららが軒下でいくつも槍《やり》のように垂れて光っていた。

夫の政孝は起きるのが早い。リタが目を覚ます頃には、居間のダルマストーブにマキが投げ込まれ、赤々と燃えている。

「マーさん、私も今日から働きますよ」

朝食のベーコンをかじりながら、リタが言った。政孝は、ちょっと頷いただけで、声には出さなかった。

工場の始まりは八時である。十二時から昼休みで、終業は五時だった。

「働くといってもね」

「何かできますよ。ビン洗いとか、リンゴを水桶に入れて洗うとか。寒さには慣れていますから」

「工場の牛尾君に相談してみる」

政孝は、朝食を終えると事務所に入り、あちこちに電話をかけた。甲高《かんだか》い声がすぐ

スキーを楽しむリタ

裏の家まで聞こえてくる。

リタは、リマを居間に残し、外に出た。コートを羽織り、毛糸の帽子をかぶって事務所脇の工場へ行き、牛尾を呼んでもらった。

牛尾は仕事熱心で律義な性格の持ち主だった。牛尾や五十嵐がいたから事故もなく、出荷に支障をきたすこともなかったのだ。

「奥さん、何ですか?」

牛尾が近づいてきた。

「マーさんに聞いてないでしょうか。何か、お手伝いしたいのですけど」

リタが言うと、牛尾は困惑の表情を浮かべた。

「——そうですね。今のところは、人手は間に合っていますが」

「私は、これでも力持ちですよ」

「土地の人たちが、よく働いてくれますから、製造の方も間に合っています。それより寒いですから、風邪を引かないようにしてください」

それなら就業や昼休みをみんなに知らせる役目を引き受けようと、リタは考えた。それは今、五十嵐の係で、いつも大きな声を張り上げている。

「いや、いけません。ボスに断ってからにします。それより、ジュースの味を見てくださいますか」

「はい。でも……」

うまくはぐらかされてしまったようだ。牛尾はビン詰めの一本を抜き取った。コップに移すと、リタに差し出した。リタはちょっとだけ口に含んで、それから一気に飲み干した。

砂糖をたっぷり入れたような味がした。これなら病人たちも喜ぶだろう、と感想を言った。

牛尾も残りを飲んでみた。今年初めて口にしたジュースだった。

「なるほど。甘い」

「ボスに、知らせた方がいいわね」

牛尾と別れたあと、リタは、事務所のドアを開けて中に入った。政孝は積み荷の相談で、五十嵐と一緒に小樽に出かけたあとだった。

このところ、積み荷が遅れていた。東京や関西地方への出荷は、スムースにいっても一週間近くかかる。相変わらず不良品として返品されることもあった。政孝たちは、その原因を調べ、出荷方法を考えあぐねていた。

政孝は事情を説明するために、また大阪へ行かなければならなかった。

3　リタの鐘が鳴る

政孝が、新年になって加賀商店の事務所に顔を出すと、すでに芝川と加賀が待っていた。

「飲んでみたが、酸が強いのはやむを得ないとして、汚れていませんか。あれじゃ、売れへんな。大阪や東京に出荷しても、誰も買うてくれんそうやないか。どないするの？」

加賀は、いきなり政孝を詰《なじ》った。政孝はしばらく返事ができなかった。

「問屋さんに、もう一度お願いするつもりです」

「そういうたかてな。問屋の方でも困り果ててる言うてまっせ。いっそのこと、津軽海峡へでも捨ててしもうた方がよろしいやろ。返品回収費も少なくてすむしな」

加賀が腕を組んで天井を見上げた。

「捨てるんですか？」

政孝はどきっとした。

「問屋は、品質が悪いいうて、これ以上引き取らん言うてきてるんでっしゃろ。持って行きようがないよってな」

政孝は姿勢を正して静かにこう言った。

「捨てるくらいでしたら、持ち帰って酒をつくります」

すると、加賀が疑わしげな顔をした。

「酒を？」

「できるんですか、竹鶴さん」

芝川が初めて口を開いた。本当は以前にこの計画は聞かされていた。

政孝は、芝川の助け船だと気がついた。

「ブランデーをつくるのです。ブランデーはブドウからつくるものですが、リンゴからでもつくれます。樽に詰めて寝かしておきますと、カルバドスという甘いブランデーになります。それで売れなければ、従来のウイスキーの原料にして、樽売りして損害分をカバーできます」

一瞬、加賀の表情が固くなった。「あんたは知っていたんか」とばかりに芝川の方を振り向いた。

「ほれほれ。竹鶴君は、やっぱりウイスキーをつくる気や。あれほどつくらんと約束しておいたのに。リンゴジュースからウイスキーになるんか。そんなもの売ったら、大日本果汁の恥にならんか。問屋さんから、リンゴウイスキーかとからかわれたら、どないします？」

「その時は……麦を原料にしてつくっていると言います。アルコールでできている模造ウイスキーを買って、それに混ぜてブレンドすれば、いいウイスキーになる自信があります」

政孝は身を乗り出していた。

「やっぱりな。あんたは、ウイスキーをつくりたくて、リンゴジュースを始めたんやろ。言うておきますけど、こっちは、ウイスキーづくりの金はありません。売れないジュースをどうするか困ってるのに、何がウイスキーですか。な、芝川はん」

しかし、芝川は黙ったままだった。加賀は腕組みをほどいて膝に手を置いた。

「いっぺん工場へ行きます。あんたらが、どうやってるか心配になったわ」

「まあまあ、加賀さん、夏になったら行きますけど、工場の方は竹鶴君を信用してあげましょう。ウイスキーづくりは当分の間は無理として、今はリンゴジュースをどうするかです」

芝川が取りなすように言ったが、加賀は、毎月の資金で苦労しているために感情的になっていた。

「いいえ。ウイスキーは絶対にいけません。あんなもの、三年も四年も五年も寝かせとかなあかんのに、どうやって金の都合がつけられますか」

竹鶴は、腹案にあったウイスキーの製造法を、口に出した。

「ああ、考えときましょう。けどな、ウイスキーづくりに反対なのは変わりまへん」

それでもその日、リンゴジュースからブランデーをつくることだけは認められた。

政孝は余市に帰っても、顔色がすぐれなかった。

会社は大赤字である。赤字会社の噂はすぐに広まった。小樽の問屋に行くと、

「赤字会社のジュースか」

とバカにされる。さすがの政孝も、言い返せなかった。

政孝の苦境と歩調を合わせるかのように、余市はこの頃、深刻な事態に直面していた。鰊が浜に来なくなったのである。入り江を銀色に染め、次々と砂の上で乱舞した鰊の姿が、ぱったりと消えた。余市は、急に不況の波をかぶり、次第にさびれていこうとしていた。

そんな時だった。

リタは工場全体に始業と終業を知らせる合図を考えついた。牧場で牛が首にかけているカウベルを打ち鳴らそう。きっと心地よく響き渡るに違いない……。

リタは牛尾にカウベルをどこかで見つけてほしいと頼んだ。牛尾は心当たりがなかったので、自転車で仁木の農家を訪ね回って探した。

見つけたのは、黒く錆びついた古いカウベルだった。リタはそのカウベルをせっせと磨いた。それを二階の軒先に吊るし、紐《ひも》を結んだ。

紐を引くとカウベルは、ガランガランと楽しげに鳴った。

翌日の正午に五十嵐が「ヤメー」の声を上げようとした時、ガラン、ガランと鐘の音が響いた。作業員たちは驚いて互いに顔を見合わせた。事情を知っている牛尾は、苦笑いした。

リタのカウベルは、朝八時と昼の十二時、それから終業時間の五時の三回鳴った。

その音色は作業員たちの気持ちを和らげてくれた。

「ああ、奥さんの鐘が鳴った」とか、「リタさんの鐘だ」とか言い合って笑顔を交わした。

牛尾と五十嵐らは、リタの鐘を聞くと、

「ああ、鳴ってる、鳴ってる」

と、工場からリタのいる二階の方を見上げた。

この鐘はその後、カウベルから教会の鐘に変わった。一階まで紐《ひも》を延ばし、リタがそれを引き、時を告げるのである。この習慣はずっと続いた。

鐘はカラン、コロン、カラン、コロンと、余市中に軽やかに鳴り響いた。

工場の作業員に限らず、リタが鳴らす鐘は、さびれた余市の町民たちの心を慰めた。

いつしか、余市の人たちはこの鐘を、

「リタの鐘」と呼んだ。

4　竹鶴の決断

余市の春は遠い。四月に入っても雪が降った。日曜日に小樽の教会を訪ねるリタの習慣は続いていた。

坂の町小樽は、外国からの船が着岸していて、いつも賑わっていた。人の声が大きい。風が強いためだ。遠くで叫ぶ声が意外な近さで聞こえる。荷車が坂道を下って行ったかと思うと、横合いから大型のトラックが現れ、唸りながら坂を上った。リタは風に押されながら歩いた。

リタには、夫の会社がこの先どうなるのか全く見当がつかなかった。生活費を切り詰めてやり繰りするが、作業員たちに食べさせる米が底をつく日もあった。給料も遅配になる。

「私はこの土地に、何をしに来たのだろうか。寒さには慣れていると思っていたけど、スコットランド以上に寒い冬があるとは……。今、私が夫のためにしてやれることは何かしら」

昨夜、政孝は珍しく酒に酔った。自家製のブランデーを飲みすぎたのだ。決して弱音を吐かない政孝だが、椅子に座った後ろ姿は泣いていた。大阪で加賀に責められたことを思い出したのだろうか。

「私も飲んでいいですか」

リタは、キッチンからグラスを持ち出して政孝の前に回った。石炭ストーブで部屋の中は暖かい。椅子を引き寄せ、リタは腰を下ろした。

するど政孝は、顔を隠すように両手で顔をなで、

「飲めないのに大丈夫かい」

と言った。

「飲めるようにならなくてはいけないでしょう。マーさんだけが苦しんではいけないもの。一緒に飲みます」

「そうか。でも、ぼくは苦しい酒は飲まない」

「負け惜しみね」

リタが政孝の顔を見た。

「ただ、資金に困っているだけだ」

「いいえ、あなたはウイスキーがつくれないことで、口惜《くや》しい思いをしています。マーさんの顔に、そう書いてあるわよ。マーさんらしくないわ。そんなに加賀さんが怖いの？　怖がらずに、ウイスキーをつくったらどうですか。加賀さんに怒られたら、私がつくりなさいと言ったことにしてはいかがですか？」

「リタが？」

「私が代わりに、叱られればいいんですよ」

政孝はしばらく考えてから口を開いた。

「でも、もし加賀さんに引き揚げられたら、この工場はクローズされるんだよ。従業員たちも生活できなくなる」

「私が芝川さんに助けを求めに行きます。鳥井さんに遠慮しないで、ウイスキーをつくらせてほしいって。いいえ、その前に来月、加賀さんがこられたら、私からはっきりと言います」

加賀は余市の雪どけを待って、五月にもこの工場へ来ると知らせてきている。

「それは困るな。いやまずい。やっぱり、リタが加賀さんにそんなことを言うのは」

「私が会って話します。あなたは病気と言って、入院してください。小樽にいい病院がありますから、そこに行かれて、会わない方がいいと思いますよ」

「ますます駄目になる。それはできない。逆効果だ」

政孝は激しく首を振った。普段は夫の仕事に自ら口をはさむことのないリタだったが、この夜は違った。

「ここまできたのよ。ウイスキーづくりができないなら、この工場を閉鎖して大阪に帰らなければいけない。私からそう言います」

「ぼくはこの工場は続けるよ。潰したりしない。頼むから、このことだけは言わないでほしい。あの人たちが怒ったら、この工場を他人に売るだろう。そうなったら、ここで働いている人たちはどうなると思う」

政孝がなだめるように言ったが、リタは引き下がらなかった。

「いいえ。一度は言うべきだと思います。一度だけでも」

「……」

工場閉鎖などという言葉を口にできるはずはなかった。しかしリタは覚悟を決めていた。

「私はイエスさまにいつもお祈りしているのよ。マーさんの夢を叶えてくださいますようにって。いけないですか」

五月。リンゴ、梅、桜、チューリップがいっせいに花を咲かせた。余市行きを予定していた大阪の加賀正太郎は、急遽、予定を変更して朝鮮と満州に渡った。新しいリンゴジュース工場を朝鮮に造るためだった。専務の竹鶴には相談なしである。政孝は内心、心おだやかではなかった。残念ながら、新工場建設の構想は結局、中止になった。原料のリンゴが思いのほか高かったためだった。

北海道に短い夏が訪れた。その年、余市には来客が多かった。芝川又四郎と長男の又彦が北海道旅行の途中で余市に立ち寄っている。まだ旧制中学一年生だった芝川又

余市の海辺にて。生活は苦しかったが笑顔だけは失わなかった

リタと共に戸外で食事をするひととき

彦はリタに案内されて父親の又四郎と一緒に工場内を歩いた。又彦は当時のことを今でもよく覚えている。

「赤字続きで、芝川家と加賀家は毎月五百円ずつ、資金を持ち出していました。芝川家は祖父が生きていましたが、祖父までが、大丈夫やろか、と心配していましてね。父も、えらいことになった、と言っていました」

しかし芝川又四郎は、竹鶴夫妻の前では決して表情には出さなかった。その点、加賀正太郎は単純明快である。加賀は余市へ来て政孝の顔を見るなり、単刀直入に、

「騙《だま》された！　どうしてくれるんや」

と詰問している。この頃がジュース工場経営の一番苦しいときだった。

しかし、芝川又四郎は「もう一年、やらしてみよう」と竹鶴政孝を応援してくれた。月給を払えないほどの赤字続きでも、リタは毎朝八時には鐘を鳴らし、自分も工場へ入ってビンを洗ったりした。

翌一九三六（昭和十一）年夏には、芝川又四郎の長女ゆり子と二女の芙美子が来道して、余市のリタの家に泊まった。

リタが本当に心を許したのは、ピアノと英語の生徒であるこの芝川家の娘たちだった。夜遅くまで、大阪や京都の近況を聞き、世間話をして過ごした。

窓には網戸がなく、明かりを目がけて蛾がとび込んできた。清潔好きなリタは蛾が

苦手で声を上げて逃げ回った。胃が弱く、近頃あまり食欲がなかったが、この夜は陽気にはしゃいだ。

政孝が決断したのはこの時期だった。加賀、芝川にウイスキーづくりを打診する。夢の実現へ向けて一歩、大きく踏み出そうとしたのである。

二代目工場長の牛尾元市は当時をこう語る。

「竹鶴さんは、最初からウイスキーをつくるつもりでいました。当面の資金繰りのため、アップルジュース、そしてアップルのブランデーをつくっていたのですが、リタさんに励まされて踏み切ったんです」


加賀商店の応接間で政孝は、二人の株主を前にこう切り出した。

「ウイスキーをつくりたいと思います。以前反対されましたが、ジュースやゼリー、ワインも何とか軌道に乗りそうなので、ここら辺で、ウイスキー需要に応えようと考えています」

すると加賀は、体を椅子の背に倒し、

「ほう。やっぱりウイスキーづくりの話でしたな。たった今、芝川さんとそんな話をしたばかりでっせ。ウイスキーだけはやめなはれや。先が長い勝負になる。あきまへん。聞きとうない」

と頭から反対した。加賀には金がかからない話をするのがコツだ。

「一年で、売り物にします」

政孝がそう言うと、加賀は目をむいた。

「あんた、四、五年かかると言うてましたで」

「はい。ですが、ここにきては一年のモルトを何かに混ぜて売れば、資金もそうはかかりません」

「そうかてな、竹鶴君。ジュースがやっと、ひと息つけるかというのに、またウイスキーか？　百万円かかるで。あんたは、いつもウイスキーやな。こっちの資金繰り、少しは分かってもらわんと」

加賀は苦り切った顔をした。だが政孝の決意は固かった。余市では従業員たちが苦しんでいる。牛尾は長男を厳寒の中で亡くしていた。神経を病んで余市を去った社員もいる。また、経費節減のため、政孝を含め全員が昇給なしという状況の中で、社員の心も荒れはじめていた。

愛すべき従業員たちの苦しみを見捨てるわけにはいかない。夢を捨てるわけにはいかない。

リタが、せっせと魚やイカ、大根などの漬物をはじめたのは万一に備えてのことだった。全社員が困らないように、大量に保存しておこうとしたのだ。

こうした余市での苦労を、竹鶴政孝は二人にぶつけたのだった。

第12章　涙を隠して

1　ウイスキー仕込み

政孝はまず、単式蒸溜機を、大阪の喜田専之輔《きたせんのすけ》に発注し、定期船で小樽へ陸揚げした。

樽づくりは、横浜のビール工場時代に一緒に働いた樽づくりの名人、小松崎与四郎《こまつざきよしろう》が担当し、原酒をつくってはすぐに詰めた。

この頃の気持ちを『ウイスキーと私』の中で竹鶴はこう記している。

「仕込んだ原酒は四季の移り香をじっくり呼吸しながら順調に育ってくれていた。先に出したリンゴジュースの売れ行きが悪くても、貯蔵庫に入ってウイスキーの熟成を見ていると身も心も静まりかえる感じであった」

大日本果汁はこの前後、ウイスキーへのつなぎの商品としてアップルゼリーやグレープゼリー、さらにアップルワインなどを製造・販売している。

そんなある日、加賀正太郎が、突然余市にやって来たのである。

「そうそう、寿屋さんが、ジュースをつくりましてな。竹鶴さんの真似をしておりまっせ」

「ウイスキーでは儲けているようですが」

「あんたがつくったものが、今ではえらい評判ですわ」

加賀は、月給としての金を置くと、余市から去っていった。

こうして、ウイスキーの仕込みは終わった。北海道の大地に育まれ商品となるまでにはまだ五年という時間が必要である。


政孝たちが仕込みに着手した翌年七月の盧溝橋《ろこうきょう》事件をきっかけに、日本は坂道を転げ落ちるかのように戦争へと向かって進んでいた。中国での日本軍の兵力は九月時点で上海に三個師団、北支に八個師団と日増しに増強されていった。

そんな状況下、満州や中国でその軍隊によるウイスキー需要が高まっていた。その情報をリタや竹鶴も知っていた。いつかは余市のウイスキーにも引き合いがくるだろう。その間、政孝たちはひたすら、ジュースとブランデーづくりに明け暮れた。

リタは毎日、鐘を鳴らし、時を告げた。三時には社員たちのためにお茶を入れて各工場に配って歩く。

日曜日にはいつも政孝、娘のリマと三人で、小樽にまで足を延ばして教会で祈りを捧げた。これは何よりも優先した。

リタは、仕事と休みの日をはっきりと分けた。日曜日に、従業員のために時間を割くことはしなかった。イギリス流のけじめのつけ方であったが、それはリマのためでもあり、家族のためでもあった。

夏の札幌は、柔らかい風が吹き、心が和んだ。

二年が過ぎた。この間、大日本果汁は倒産することもなかったが、経営が大きく好転するということも、また、なかった。一九三九（昭和十四）年暮れのことである。

この頃、ウイスキーの需要はさらに伸び、寿屋では山崎工場だけでは生産が間に合わない状態が続いていた。他のメーカーは従来の模造品にもかかわらず、売れに売れて、巨利を得ている。機は熟したのだ。

そうしたウイスキー市場の活況を背景に、リタとリマ、政孝の三人は大阪へ向かった。

リタは政孝の仕事の邪魔にならないようにと、大阪駅で別れて帝塚山のローリングス夫人を訪ね、夜はホテルで政孝と合流した。政孝がどうやって気むずかしい二人を説得したかはそこで知らされる。

2　ニッカウヰスキー誕生する

それから数日後、販売会議が加賀商店で行われた。何をやるにも自信喪失していた加賀は、ほとんど開き直った気持ちでいる。

雪どけと同時にウイスキーを出荷するとなると、いつまでも寿屋に遠慮しているわけにもいかなかった。

会議には、リンゴジュース発売のときに宣伝を担当した者も参加した。その席で、商品名を「ニッカウヰスキー」と決めた。

まず、竹鶴政孝がオリジナルでつくったウイスキーは、菱形のカットを施した角ビンで売られることになった。広告・宣伝はなし。金に余裕がなかったのだ。

出荷は翌一九四〇（昭和十五）年の春ではなくて夏とした。春に出荷してもよいが、味に自信が持てない。それに、製ビンも間に合わない。

発売の大わくが決められた後、リタとリマ、政孝は広島へ行った。

竹原で墓参りをすませて余市へ戻った。

雪の中を自宅にたどり着いたのは深夜に近い頃だった。三人が玄関に近づくと、牛尾や五十嵐たちが待ち構えていた。吐く息が白い。大阪での話を電話で知らせておいたから、皆、夜道を駆けつけてきていたのだ。

「やったぞ」

思わず政孝は声に出し、親指を立てた。

その夜二人きりになると、リタは試飲用の一升ビン入りのウイスキーと漬物を出した。

「おめでとうマーさん。お祝いしましょう」

ウイスキーも漬物も実に旨かった。

「リタはすっかり日本人になったな……」

政孝は新発売のウイスキーの名前を「ニッカ・リタ」にしたかったな、と心の中で思った。

北海道で迎える六回目の正月がもう間近だった。

3 ついにウイスキーを初出荷する

遅れていたビンは夏に小樽からやっと届き、すぐに作業が始まった。第一号のビン詰めが出来上がるのをリタと政孝は、傍らに立って見守った。政孝は最初の一本を「リタ」と名付けた。工場の庭では盛大な祝賀会が開かれた。

全員が庭に集まり、一本の角ビンを前に、記念写真を撮った。しかし、リタはその写真には納まっていない。工場で苦労をしたのは従業員たちだからと、遠慮したのである。

一九四〇（昭和十五）年の大日本果汁の社員は、男子は政孝を入れて三十七名、女子が二十五名だった。

最初の出荷先は道内の酒屋とデパートだった。デパートや食料品店にはジュース類を納入する際に予約を取って歩いた。あとは営業社員が、集金の手続きを決める。

最初のウイスキーが箱詰めされ、庭で馬車に積み込む。二段積みしたウイスキーは近くの余市駅まで運び出された。出荷の朝、リタは作業員たちと一緒に手伝ってから、事務所にいる政孝を大きな声で呼んだ。

「マーさん、見送りましょう」

山崎工場で国産第一号のウイスキーが出荷されるのを見送った経験があるが、今のうれしさは、その時と全く違った。

あの時、夫の長年の研究が実ったという喜びはもちろんあったが、その頃のリタの境遇と現在では大きな差がある。当時は気持ちに余裕があった。サラリーも安定していたし、大阪や京都には友人も大勢いた。

今度の余市での出荷は、苦労の連続のあとの「難産」だった。毎月の生活にも困り果て、過酷な環境下でのウイスキーづくりである。自分たちの力でつくり上げた掛け替えのない商品を送り出す喜びは、はるかに大きかった。

箱詰めされた角ビンのウイスキーが牛尾や五十嵐などによって馬車の荷台に積み上げられると、荷台の両端からロープがかけられた。工場から余市駅までは十分もかからないが、荷崩れすると何もかも台無しになる。

リタと政孝は、門の脇に立った。牛尾と五十嵐が馬の手綱を引き工場を出た。

第一号が出荷されて間もなく、半ば予想はしていたが、困った事態が起きた。

アメリカやイギリスと戦争勃発寸前という時代である。ワインを飲みながら洋食を食べ、そのあとウイスキーを楽しむという習慣は、まだまだわずかな金持ちに限られていた。

客の中には「海草のにおいがする」「焦げくさい」などと、ニッカを嫌う者もいた。ただし、寿屋製よりも好まれた点もあった。それはカットグラスのビンと、外箱のデザインである。当時にしてはモダンだった。いかにもスコッチウイスキーの趣が出ている。

輸入ウイスキーと一緒に並べて宿泊客に飲ませてくれるホテルもあったが、「昆布のにおいがする」と言われ、客には悪評だった。

株主の加賀や芝川のところにも、彼らの知人から苦情が寄せられた。加賀はそのたびに、「そのうちにうまくなりますけど、昆布のにおいは何ともなりませんな」と、迷惑顔をした。

芝川又四郎も同じだった。

「ニッカは三年もので、それも実際のことを言うと、ちょっと頼りない三年です。ウイスキーを買う者は、これは何年ものか、と聞く。それで値段が同じなら、古い方（サントリー）を買うというわけで、百貨店ではてんで売れません。百貨店で売れなければ、ほかの酒屋も売りません。それでしかたなしに、樽に詰めて残しておこう、残せば残すほどよくなるのだから、ということですが、そのかわり、その間の金利をどうするか、困ったものだ」

と、自伝の中で苦悩のほどを記している。

第一号出荷から二カ月たった頃、価格統制令で、ウイスキーは一級、二級、三級に分けられた。値段は上げられない。

ウイスキー乱立時代でもあった。アルコールを着色しただけの模造ウイスキーもあれば、ニッカのように本格的なモルトウイスキーもある。そこで、商工省と大蔵省はウイスキーのランクを決めたのである。

ニッカとサントリー、東京醸造のトミーの三種は一級ウイスキーに等級づけられた。

ニッカに、ようやく幸運が訪れたきっかけは、皮肉なことに、その後のリタを苦しめることになる第二次大戦であった。

この戦争は、ウイスキーの需要を伸ばしたが、しかし一方では、リタにつらい日々を強いたのだった。

第13章　特高警察の監視

1　戦争に突入する

ニッカウヰスキーの第一号が余市工場の門を出た二カ月後の十月、大政翼賛会が発会し、上意下達の官製運動機関が強化された。

そのひと月前に、日本はイタリア、ドイツとの間に三国同盟を結び、ますます戦時色が濃くなっていた。「紀元二六〇〇年」の祝賀式が各地で催され、町々にはもの憂げな「湖畔の宿」のメロディーが流れた年である。

東京ではダンスホールが閉鎖され、十一月には、カーキ色の国民服が制定された。「産めよ殖《ふ》やせよ」の「多産報国」の人口政策までが打ち出される。

一九四一（昭和十六）年に入ると、生活必需品は配給制になる。

三月三日に国家総動員法が改正され統制経済に入った。地方銀行も整理統合された。

四月一日、米が東京、大阪、名古屋などの都市で割当通帳制度になった。そのあと各地でも次々と配給制が実施される。

これは、日中戦争が意外なほど長期化し、生活必需品が極端に不足したからだった。物価も値上がりした。

七月二十八日、リタが一番心配したように、日本陸軍は南部仏印に進駐した。日米交渉が破綻《はたん》すると、日本は開戦への道をやむなく歩き出す。ついに、十二月八日、太平洋戦争に突入した。ウイスキーはこうした軍事色のなか、皮肉なことに海・陸軍からの引き合いが増えた。余市工場は海軍の指定工場となり、味の良し悪しは言っていられないほど、出荷に追われた。

そのかわり海軍は原料である大麦を手当てし、納入してくれた。

ニッカは丸びんのウイスキーを製造して、海軍に納めた。

余市は、久しぶりに活況に沸いた。リンゴにかわり、大麦が馬車で運び込まれる一方で、同じ出入り口からは箱詰めのウイスキーを満載した馬車が出て行くのである。

竹鶴政孝は、火災の類焼をさけるために、余市川の支流である古川の沼地・中の島に、ウイスキーの貯蔵庫を建設した。貯蔵庫と貯蔵庫の間も万一の火災に備えて、三間(約五メートル半)ほど離した。この沼を、余市の人も工場の者たちも「ニッカ沼」と言った。

余市工場は降って湧いたような大量注文に毎日追われる。工場はすぐに手狭になった。

一九四二（昭和十七）年。陸軍もウイスキーの納入を求めてきた。海軍と陸軍の、ウイスキーの取り合いが始まる。

海軍の方は、余市工場が人手不足でウイスキーを運び出せないと知ると、わざわざ小樽から余市港に輸送船を回して積み込ませた。

余市工場は、すでにリンゴジュース部門をやめ、ウイスキー製造のみに切り替えている。

各年代の原酒を均等に各貯蔵庫に分けて入れ、もしものときでも、それぞれの年代のウイスキーが途断えることのないように、配慮している。

工場は拡張され軍需景気に沸いたが、蒼い目をしたリタの不幸が、同時に始まっていた。

リタは相変わらず日曜ごとに小樽の教会に出かけている。監視に初めて気がついたのは太平洋戦争が始まって半年ほどした春のことだった。

初めのうちはさほど気にも留めなかったが、背後のその気配は次第に露骨になった。教会に来る外国人たちからも、やはり尾行されているという話を聞いた。教会内に不安が広がった。

尾行していたのは、特高警察だった。日曜日に限らず、竹鶴の家の前には毎日、刑

事が待ち伏せした。リタが出かけようとすると、

「どちらに行かれますか」

言葉は乱暴ではないが、高圧的な態度である。リタはすでに日本に帰化していた。

「私は、竹鶴の妻です」

リタがそう言っても尾行はなくならなかった。それどころか、今や公然とつきまとうのだった。

ある日、こんなことがあった。

「あなたの家の屋根にはアンテナがありますが、調べさせてもらいますよ」

と刑事が言って、家に上がり込んだ。

「それはラジオのアンテナですよ。なぜいけないの」

リタが止めようとしても、刑事は応接間の中をジロジロと見て回った。

「ここから、イギリスに電波が流れているんじゃないんですか。隠し事はいけませんよ」

「そんなことできません。私と夫はウイスキーをつくっているんです。ただそれだけの生活です」

「これは上からの命令なんです。悪く思わんでください」

上からのという意味が理解できなかった。

「……上からの？」

「天皇陛下のご命令です」

刑事の言葉に思わずリタは唇を噛みしめた。その日はついに家から一歩も出なかった。

香港やシンガポールが日本軍に落ち、大勢のイギリス人が戦死したと聞いても「私は竹鶴の妻。日本人なのよ」と自分に言い聞かせた。そうして弱気になりがちな自分を励ましてきたのだ。

スパイの容疑をかけられて家の中を引っくり返されるように調べられたことよりも、刑事が言ったイギリスに電波が流れているという言葉にリタの心は傷つけられた。日本人を信じられなくなりそうだった。だがリタはすぐに思い直した。工場で働く人たちも日本人なのだ。竹鶴の妻として、いつも温かい目で見守ってくれる。工場に入って行くと、みんなが笑顔で声をかけてくれるではないか。

2　スパイ容疑

戦況はどんどん悪化した。一九四四（昭和十九）年から一九四五年になると工場で働いていた男たちも赤紙（召集令状）一枚で召集され、戦地へ出て行った。

工場では、出征する従業員を全員で祝った。リタも、余市の駅まで歩き、みんなと一緒に、汽車が見えなくなるまで見送った。

赤紙が来たのは若い男たちだけではなかった。四十歳近い者までが戦地に駆り出されていった。いつも顔を合わせ、明るく会話を交わしていた人たちだった。

そして余市を出て行った男たちのほとんどは、再び日本の土地を踏むことはなかった。南方に輸送される途中、米軍の襲撃に遭い、船と共に海底深く沈んでいった。そうでない者も、あえなく戦地で散った。

リタはその知らせを夫の政孝から聞くたびに、胸が裂けるほどに悲しみ、やがて工場へも、あまり顔を出さなくなった。ほとんど、自宅に引きこもる日々が続く。

政孝は、そんなリタを、

「君が悪いんじゃない。教会に出かけよう。私も一緒なら刑事も怪しまないだろうから」

と慰めた。

しかし札幌までの列車の中でも、やはり刑事の目は光っていた。

「気にしなくていい。彼らも命令で、ただ黙ってついてくるだけなんだから、今度、家の方に上がってもらい、ウイスキーでも飲んでもらおう」

シートに腰かけたまま、政孝が小声で言った。左手は石狩湾である。とても戦時中とは思えぬ静かさだった。

札幌では太黒薫《おおぐろかおる》夫妻と会うのをリタは楽しみにしていた。太黒薫は医者で詩人でもある。広島の出身で、六尺豊かな大男だった。夫人のマチルド・クレニュはブルターニュ生まれのフランス女性で、留学中の太黒薫と知り合い、二十歳で日本に来た。マチルドはフランス語、英語それにドイツ語も話せる。彼女も特高警察の監視下にあった。そのほかにも札幌には外国人夫婦が何人も住んでいた。北海道帝国大学（当時）の講師や牧師たちだったが、そう度々、札幌へ出かけるわけにはいかなかった。マチルドは、当時小樽高等商業学校（現・小樽商科大学）の非常勤講師をしていた。

何よりもリタにとって悲しいことは、余市の人たちの目が変わったことである。日本の各地同様、余市の町にも壮健な男の姿が少なくなっていた。夫や息子を戦争で失った女たちの、リタに向けられる視線を、リタは実際以上に鋭く、冷たく感じていた。「鬼畜米英」の張り紙の前で、足がすくんでしまったこともあった。

娘のリマも、近ごろ友達と遊ばなくなっている。

函館が空襲で焼け、余市の人々も怯《おび》える日々が続いた。

米軍の爆撃機Ｂ29が、余市上空に飛来したのは一九四五（昭和二十）年六月二十三日午前四時五十九分だった。冒頭で触れたように、これはニッカの工場の確認が目的であったのを、戦後リタは知らされる。

余市の町は、次第に深い沈黙に覆われていった。毎日のように、戦死者が余市の駅に無言の帰国をする。その一方で、出征する者が続く。国防婦人会は、列車が着くたびに多忙だった。

国防婦人会は、火災に備えてバケツ隊を設立し、訓練をした。

八月十三日には、国防婦人会の竹槍訓練が行われた。場所はニッカ工場の中庭である。かっぽう着姿で竹槍を持ち、軍から派遣された指揮官の、

「エイッ！　ヤッ！」

の掛け声と共に、竹槍を繰り出す。

竹鶴リタへのスパイ容疑は依然として晴れなかった。主婦たちの態度までが、どこかよそよそしく感じられてならなかった。

リタは、人間不信に苦しんでいた。

3　つらい日々

幽閉同様の日々が続いた。

リタは神経衰弱に陥っていた。睡眠不足の夜が続く。食欲はなく、胃下垂に悩まされた。町の中では、冷たい視線を浴びる。ただ工場で、女性従業員たちと話ができる

ことだけが救いだった。

リマのいる自宅と、工場の中だけが安息の場所であった。

グラスゴーからゴルフクラブを持ってきていたので、自宅の芝生では、アプローチだけの練習をして気をまぎらわせる日もあった。以前は銭函《ぜにばこ》のゴルフ場へ行ったが、この時局ではゴルフどころではない。

外では刑事の目が光っていた。

特にキリスト教に対する弾圧は厳しかった。キリスト教の平和論や、唯一神信仰が忌み嫌われた。

『北海道の歴史』によると、「昭和十七年一月、護国神社参拝を拒否した函館旧ホーリネス教会牧師の小山宗祐《こやまそうすけ》が検挙され、三月、獄中で自殺した。旧ホーリネス教会は、まもなく全国的に多数の牧師が検挙され、教会は解散を命じられた。キリスト再臨を待望する彼らは、国体を変革するものと見られたのである。北海道でも小樽の宮内清治、札幌の伊藤薫、旭川の斉藤光治、釧路の長塚徳四郎らが連坐投獄されたのである。つづいて昭和十八年、札幌無教会派の浅見仙作が、翌年には札幌北一条教会の牧師、小野村林蔵が検挙される」とある。

北海道にいて、日本人と結婚している英米、欧州女性たちの被害については一行も触れていない。

リタも、幽閉同然の体験は夫の政孝など身内の者には話したが、記録には残さなかった。

終章　最後の手紙

1　敗戦、そして新たな旅立ち

広島に次いで長崎に原子爆弾が投下されたというニュースを知ると、リタにもこの戦争は長くないと思えてきた。いくらニッカ工場の中庭で竹槍の訓練をしても、日本の敗戦は時間の問題だった。

天皇陛下の玉音放送がラジオを通じて流れたのは一九四五（昭和二十）年八月十五日の正午である。来日して二十五年、リタは四十八歳になっていた。

昼食に戻ってくる政孝のために、リタは食事の準備をしていた。ラジオから天皇陛下の独特の抑揚をともなった声が聞こえたが、リタにはその意味が全く分からなかった。

暑い日で、首のまわりをタオルで拭きながら、夫の政孝が部屋にとび込んできた。

「――負けた」

首をうなだれて、居間に立っている。

頑丈そうな顎や頭髪のない頭にも汗が浮いている。

「どうしたのですか？」

事情が分からず、リタが言った。

「戦争が終わった」

「――」

声が出なかった。

「ウイスキーはどうなるんですか」

「もう、つくらない。しばらく工場も休む」

表に出てみると、いつもリタを見張っていた刑事たちの姿はない。それに、奇妙なほど静かである。何も聞こえない、不思議な静寂に包まれていた。

どこかで、銃声が一発、聞こえた。

翌十六日、古平《ふるびら》の稲倉石《いなくらいし》鉱山で強制労働に就かされていた朝鮮人たちが下山し、余市駅へ急いだ。列車に乗り遅れた者たちは駅前で一晩夜を明かし、やがて彼らも汽車に乗り込んで、余市を去って行った。

リタは、そんな話を聞くと、すぐに札幌の太黒薫に電話をかけた。すると、北海道にはソ連軍が上陸してくるだろうとの話である。

しかし実際に上陸してきたのは、アメリカ第八軍・第九軍団の、第七七歩兵師団だった。十月四日に函館へ、そして翌五日午前五時、第七七歩兵師団八千人を乗せた重巡洋艦、軽巡洋艦、駆逐艦、輸送船五十隻が小樽沖にその姿を現した。北海道進駐米軍最高司令官はライダー少将、そして第七七師団長はブルース少将。小樽港の上空には哨戒機が旋回し、三日間にわたり、戦車、ジープ、水陸両用車が轟音を上げた。

「北海道新聞」は十月六日付で次のように報道している。

「第七七歩兵師団八千名は小樽に上陸、首都札幌市に進駐し、師団司令部は北海道拓殖銀行に設置された。この歴史の日、朝露消えやらぬうちより、警察隊によって至厳の警戒線が敷かれ、北一条、北五条はじめ通過道路は清潔にされ、遠来の進駐軍を迎えた」

小樽港の第一、第二埠頭から上陸した隊の砂煙は長さ十数キロにも及んだ。

敗戦と米軍の駐留で、リタはほっとした。というより、虚脱感に襲われた。

工場は九月まで休んだ。稼働前の工場へ一人きりで入ったとき、リタは、この工場が傷つき病んだ生き物のように思えた。軍への納入で活気にあふれていた工場には、原料の大麦も、またウイスキーを入れるビンも乏しくなっていた。

しかしウイスキーの注文が減るとは思えない。男たちが働いている限り、ニッカのウイスキーは飲まれると信じていた。男たちはウイスキーを飲み、夢を見、ロマンを語り合うはずだ。かつてスコットランドの男たちがそうであったように、寒くなればポケットに小さなビンを一本忍ばせておくだろう。羊飼いのおじさんは、風が冷たくなると土を掘り、穴をつくってそこにもぐり込み、ウイスキーを飲みながら寒風が通りすぎるのを待った。今はまさに、冬のスコットランドなのだ。やがて北海道は冬を迎え、ウイスキーを求める男たちが増えるだろう。

リタは工場内を歩き、釜を叩いて語りかけた。

「いつか、あなたはきっと、忙しくなる」

2　リマの家出、そして母の死

十月、工場は再び稼働し始めた。八千人の米兵たちがウイスキーを求めたのだ。

米軍の将校たちは、毎週のように、余市に来てはウイスキーの買い付けをしていった。注文に応じたのは主に夫の政孝だが、夫がいないときは、リタが話を聞いた。確認のため、

「ワン・ハンドレッド・ダース？」

と、リタは念を押した。

「イエース。司令部へ納入してください。ウイ・キャン・ペイ・キャッシュ！」

将校はそう言うなり、ジープの方へ引き返した。リタは慌てて、四本入りの箱を、牛尾と一緒に、ジープに積み込んだ。

「これは、私からのプレゼント。夫と、この男たちがつくったスコッチウイスキーよ。とてもおいしいわ」

「プレゼント？　本当に？」

「スコットランドのウイスキーより、はるかにおいしいウイスキーよ。長い間、この倉庫に眠っていたものです」

「ぼくの祖母も、スコットランド人です」

「どこ？」

「パース」

「グラスゴー！」

二人の会話は、隣の市の名前を名乗るだけで十分だった。将校が白い歯を見せた。

「お会いできて、よかった」

「また、遊びにいらっしゃい。リンゴのブランデーもありますから」

「ここに来て、スコットランド女性に会えるとは幸せだ。必ず来ます。あっ、そうそう、百ボトルでなくて、百ダースですからね」

リタは、うれしさを言葉にできなかった。思わず、将校の頬にキスをした。

戦後のウイスキー需要増のきっかけは、やはり兵士たちだった。アメリカ本土からコーンでつくったウイスキーやビールを輸送船で持ち込んだが、北海道までは回らない。足りない分を竹鶴に注文した。

大阪の寿屋は次男の鳥井（佐治）敬三が隣の司令本部へ、山崎でつくったウイスキーをセールスしている。日本製のウイスキーの良さを強調し、注文を取った。

余市のウイスキーの味を知った北海道の米兵たちの中には、アメリカ製煙草とウイスキーを交換したい、という者もいた。ウイスキーは貴重なものになっていた。不足がちな東京では、焼酎を色づけしたニセ物が出回った。

戦後もウイスキーは統制品とされていた。ニッカは一本が百二十円で出荷されたが、東京のヤミ市に出ると千五百円もの値がついた。このことが東京市場へ進出する契機となった。

終戦直後で交通事情が悪い。大阪の寿屋は東京に進出するにも、貨車が思うように使えなかった。その点、ニッカウヰスキーは、海上輸送で直接東京へ運び込まれ、問屋を通じて小売店へ流されている。

東京市場は一時、完全といってよいほどニッカのものになり、余市工場は多忙になった。

一九四六（昭和二十一）年になると、寿屋は三級の「トリスウイスキー」を発売した。四九年にはウイスキーが統制品からはずれ自由販売に切り替えられるが、この頃になると、寿屋は総力を挙げて新聞広告をやりはじめる。「トリスウイスキー」に「うまい、安い」のキャッチフレーズが使われた。当時、三級のウイスキーは市場の八割近くを占めていた。原酒はわずか五パーセント以下で、酒造メーカーによってはゼロパーセントの模造品まで売り出している。

こんな状況を政孝は嘆いた。自伝にこう書いている。

「(原酒) ゼロ・パーセントとはウイスキー原酒は一滴も入っていなくても、税金を納めればウイスキーとして売ってよいということである。イミテーション・ウイスキーはウイスキーではない。私はどうしてもついていけなかった」

かといって従業員たちとその家族の生活も考えなければならなかった。スコットランドでは、原酒をつくる工場は原酒だけをつくり、これをメーカーに販売している。そこで政孝はウイスキーメーカーに原酒を売る仕事を兼業することにした。

当時、日本のウイスキーメーカーは三十社ほどあった。ニッカは、そうしたメーカーに原酒を売って収入を上げた。

この利益で、会社はひと息ついた格好になる。だが、インフレが激しく、物価はどんどん上がっていく。従業員の給料も上げなければならない。やり繰りに困り、税金も滞納しがちだった。この頃から、夫の政孝の顔色がさえない。気にはなったが、実はリタにはほかにもっと心配なことがあった。

「ここまできたんですから、マーさん、なんとかなりますよ。それより、リマの様子がおかしいんです。どうしていいか、分からない」

ところがある日、リマは何の前触れもなく東京に行ってしまった。リタと政孝の元から黙って離れていったのである。

リタと政孝は、リマに婿養子に迎えて、会社を継がせようと以前から相談していた。政孝も賛成だった。できれば社員の中から婿を選び、後継者にしたいとも考えていた。リマにもその考えは伝えてあった。リマの家族と、この余市で一緒に暮らすことをリタは夢見ていたのだ。

だがリマは、二人の前から姿を消し、ついに余市へ帰らなかった。

一九五六（昭和三十一）年のある日、グラスゴーにいる妹のルーシーから届いた手紙の中には、母親のロビーナが亡くなったと書かれていた。

しばらくの間体調を崩していたが、夏に急死したと記されていた。

その手紙を持つリタの手は震えた。喉元《のどもと》が熱くなった。涙で文字が滲み、それから先は読めなくなった。

「ママ……」

リタの唇から、重く悲しい声が出た。リタはソファの上に泣き崩れた。

遠い昔の、幼い日々が、走馬燈《そうまとう》のように浮かんでは消える。最後に会ったのは、夫と鳥井吉太郎、リマの四人でグラスゴーへ帰った時だ。日本にも一度来てくれる予定だったが、折悪く、夫の政孝が寿屋を辞め、苦境に立たされた時期とぶつかり、招く機会を失っていた。ようやくウイスキーが売れ出して余市の町へ呼べると思っていたのに、今度は戦争で外交ルートが断たれてしまった。何もかもが、空回りしていた。

そのまま眠っていたらしい。家事の手伝いにきていた美代《みよ》が紅茶を運んできた物音で目を覚ました。リタの目は赤く腫《は》れ上がっている。美代はソファの上の手紙に目を留めた。

「何か悲しい知らせでもありましたか」

三十を過ぎたばかりの美代は、余市で生まれ育った物静かな主婦である。

「ええ。母が……」

「え――」

美代はそれ以上言葉にならず、紅茶の入ったカップをテーブルの上に置くと、部屋を出ていった。

リタはミルクを注ぎ、スプーンでゆっくりと混ぜ合わせた。

「そうだ。美園の丘へ行ってみよう。あそこから、スコットランドが見えるはず」

リタは、カーディガンを一枚羽織ると、美代に美園へ行くと言い残して家を出た。

玄関にはスコットランドの家をそっくり再現したポーチがある。中庭に出ると、さらに通りまで芝生の外庭が続く。午後の日差しがまぶしかった。

リタは、一歩一歩確かめるように美園の丘を上がった。高さ五十メートルほどの小さな丘だった。途中の傾斜地は墓地になっていて、墓地の石段を上がりきった頂上はなだらかな草原になっている。その高台に上がると、右手の余市川の上流にニッカウヰスキーの赤い屋根の工場が見える。川辺には背の高いポプラの林が続いている。ポプラは海風に、その銀白色の葉裏をひるがえしていた。さらさらと音が、聞こえてくる。

工場から左側は余市の町だ。川下には漁村の黒い屋根が続き、その向こうには海が果てしなく広がっている。

「あのずっと向こうがグラスゴーよ。ママが眠るまち。カーキンティロホのまち。わたしが生まれ、わたしが捨ててきたまち――」

――ママ！

リタは声に出して呼んだ。

風が吹き上げてくる。頬を伝わり、涙を乾かした。髪が煽《あお》られて、顔と首にまといつく。

「悲しくなったら、この丘に立つわ。ママの顔が見える丘だもの――」

政孝は、飛行機でイギリスへ行こうと誘った。しかし夫の会社の事情を考えると、リタは余市から離れる気にはなれなかった。

その後も何度か妹たちから、グラスゴーの様子を伝える手紙がきた。

「リタが飛行機嫌いなのは分かるけど、安全な乗り物なんだよ。羽田から香港かシアトル、ニューヨークを経由して行けるんだがね。三日で着くそうだ」

「飛行機は、やっぱり怖い。いつか、船旅で行ければいい」

自分の心の奥に、ママはいつまでも生き続けているから。リタはそう思っていた。

3　冬の別れ

リタと政孝は広島の実家から養子をもらうことにした。養子の威《たけし》は広島工業専門学校（現・広島大学）で発酵工学を学んでいた。その後、札幌に下宿して北海道大学工学部の応用化学科に通い、一九四九（昭和二十四）年に卒業して、政孝たちの元へ来た。

リタと政孝にとり、後継者の威の同居は、新たな生き甲斐となった。しかし政孝の苦闘は続いていた。政孝はリタに、三級ウイスキーをつくるべきかどうか決断しかねている胸中を打ち明けている。

「原酒ゼロのウイスキーを、ウイスキーと呼べるわけがない。しかし三級ウイスキーに押されて、動きがとれない。これをつくれと言ったのは誰だと思う? 中学の後輩で、今は大蔵大臣の池田君だ」

「それなら、それをつくってみてはどうですか。あなたならほかのメーカーとは違った味が出せるんじゃないかしら」

リタがそう勧めた。

「そうか。モルト五パーセントでも味の良いものをつくればいいか」

「そうですよ。みんなの幸せのためですもの。そのうちに、きっと本格的な味を求めてきます」

リタの口調は優しかった。

「いつかは本物を飲みたい、そういうビギナーこそ、あなたは大事にしなければならないんじゃないですか。飲む人がたくさん増えれば、あなたのブレンダーとしての鼻が、もっといいものをつくると思います。威さんも、賛成してくれると思いますよ」

政孝の方針は決まった。何よりも助かったのは、牛尾や五十嵐などが販売を担当して頑張るからと勇気づけてくれたことだった。

しかし、技術者としての意地もある。他社よりも良いウイスキーを安く売りたくはなかった。それに利も薄い。そこで、ビンを小さくし他社より二十円高く販売することにした。

こうして一九五〇（昭和二十五）年八月にニッカポケット壜ウヰスキー、十月にはニッカ角壜ウヰスキーが発売された。牛尾たちは道内を歩き回り、駅や小売店に卸して回った。

苦しい台所も、なんとかやり繰りできるまでになった。


一九五二年。社名を大日本果汁からニッカに変えた。政孝は社長になっていた。日本銀行統計局長の土井太郎《どいたろう》を専務に迎える。土井は小樽支店長時代に竹鶴と知り合いになっていて、竹鶴は一万田尚登《いちまだひさと》総裁を通じて、口説き落としに成功した。

また、この後には東京・麻布の毛利家の屋敷跡に、ビン詰め工場を建設した。

東京に本社を移したので、政孝は単身で赴任した。それでも余市には一年の半分くらいは滞在した。威とリタ、それに戦前からの仲間に囲まれると、心が安らぐからだ。

しかしリタは、一九五四（昭和二十九）年の暮れ頃から高血圧と風邪に悩まされていた。寒さがこたえるせいか、よく熱を出した。余市で医院を開業している菅原英夫《すがわらひでお》が初めて往診に呼ばれたのは一九四八（昭和二十三）年の冬で、その後ずっと診察をしている。

紅茶好きのリタは、菅原が来ると、風邪を引いている身でも起き上がって一緒に飲んだ。

政孝は毎晩八時から十一時頃まで水の入ったコップを片手に持ち、ボトル半分のウイスキーを飲む。リタはいつも、傍らで本を読んだりしながら付き合った。

戦後の混乱期が終わろうとしていた。高度経済成長期の前夜という時代にさしかかっていた。

一九五五（昭和三十）年の初め――リタは風邪をこじらせて軽い肺炎になった。

政孝はリタの体をいたわってこう言った。

「鎌倉か逗子、葉山の方に引っ越そう。リタはこのままでは冬が越せなくなる。暖かい土地がいい」

すぐに東京へ戻って家を探した。

逗子の海岸に近いところに平屋の、庭付きの家が見つかった。駅から十分の所である。冬でも暖かい。ここならリタの胸にもいい。政孝はさっそく、そこから会社へ通った。

リタはその話を聞くと喜んだ。体の回復を待ち、春になったら引っ越すことにした。荷物はすべて余市の家に置き、トランクひとつでの引っ越しである。

リタと竹鶴威、余市にて

飛行機嫌いのリタも、この時ばかりは札幌から飛行機に乗った。
横浜工場時代は政孝と共にいやな思いも味わったが、この湘南の海は懐かしかった。海際には湖のような湾は波がなく、広い砂浜がはるか向こうの河口近くまで続く。海際には小さなホテルも建っていた。

「マーさんも、今までどおり、ここから日本橋の会社に出かけてくださいね」

リタは、海を眺めながら言った。

「ああ。色々な土地に移ったな。リタを独りにしておけないから、ここから通うことにするよ。暑くなったら余市へ行って、寒くなったら、またここに戻ればいい」

「そうします。とても静かで、暖かいところ」

リタは女中を一人雇って、逗子海岸近くの家で暮らした。風邪も引かなくなる。体調がいい時は女中と二人で駅前通りの商店街を歩き、買い物をした。

広島にいる政孝の姪《めい》の蔵重康子《くらしげやすこ》は、高校生の頃リタと英語で文通をしている。康子に送った手紙には、この前後の出来事が達筆な英語で書かれている。

「一九五五年二月十四日。康子さんへ。

お手紙、どうもありがとう。返事が遅くなってごめんなさい。私は風邪を引いてしまい、ベッドで寝ていなければならなかったので、手紙を書くことができませんでした。今年の北海道の天気はとても寒く、雪がたくさん積もりました。庭は七フィートの積雪です。ほとんど毎日雪が降っていて、朝夕、男の人たちが道路まで雪かきに出ます。町まで行くのに車が使えませんので、橇《そり》に乗って出かけます。

あなたはスケートが好きだそうですが、北海道では雪が多すぎるので、スケートはできません。そのかわりスキーはできます。息子の威はとてもスキーが上手で、よくスキーに出かけます。私はこの家で、息子の威と、彼の奥さんの歌子《うたこ》さん、孫の孝太《こうた》郎《ろう》と住んでいます。孝太郎は一月七日で二歳になりました。夫の政孝は逗子に住んでいます。時々余市の工場で仕事をしています（中略）。

あまりあなたに伝えるニュースがなくてごめんなさい。私は昨年の十一月二十三日から家の外に出ていません。私たちには使用人がいないので、私は料理や縫い物、編み物で本当に忙しい毎日です。

今、広島では桃の花が咲いているでしょうね。とても羨ましく思います。北海道では桃と桜の花が咲くのは五月です。私たちの家はりんご園の真ん中にあるので、五月の頃はとてもきれいです。

英語の勉強が成功するように願っています。幸運を、お祈りします」

「三月二十六日。

三月十三日付けのお手紙、どうもありがとう。あなたは試験（大学受験）でとても忙しそうですね。これは数日前に送った小さい二匹の熊についての注釈です。アイヌは熊の彫刻をします。広島はもう暖かいでしょうね。アイヌの熊の彫刻のハガキを何枚か同封いたしました。北海道では母熊が川にやってきてサケをとり、山に帰って行きます。

申し訳ないですが、私は風邪でベッドの中で寝ています。長い手紙を書くことができません。私は外に出ることができませんので、威が先週の日曜日に小樽という、この近くの町に行った時に、その熊の絵を買ってきてくれました」

逗子へ移ってからは文通もしばらくなかったが、一九五五年八月九日の手紙は、逗子から送っている。

「お手紙、どうもありがとう。北海道へ行った時に、手紙を受け取りました。あなたのおばあちゃんが亡くなられたことを聞いて残念に思います。あなたとあなたのお母さんは、とても寂しがっているでしょうね。お悔み申し上げます。あなたは、お母さんを元気づけてください。あなたは色々なことに興味がありますから、寂しさ、悲しさからすぐに立ち直れますが、年をとりますと、そんなに興味はなくなり、若い人よりも、寂しくなります。

　今、私は体調が悪いため、逗子に滞在しています。私は結核にかかっていますが、時がたつうちに良くなると信じています。そして一年で完治すると思っています。広島は暖かいところでしょう。体に気をつけてくださいね。またすぐに手紙を書きます。あなたと、あなたのお母さんに、心からお悔み申し上げます」


　リタは、逗子の家から週一回、横須賀線で築地の聖路加《せいるか》国際病院へ通院している。正月がくると逗子の町へ出て、正月用の標縄《しめなわ》を買い、米屋に注文していた鏡餅を飾って祝った。正月はいつも和服を着て、日本間で迎えた。体調がよくなると、逗子の海岸に出て、砂浜を端から端まで二キロ歩き、疲れるとまた家に戻る。

　余市へは一九六〇（昭和三十五）年の夏に戻った。死期が近いのを感じたのか、リタは政孝に、余市へ帰りたいと頼んだのである。政孝は暖かい逗子の方が体によいからと勧めたが、リタは軽く頭を振るだけだった。

　北海道の夏はすぐに終わり、やがて厳しい冬になった。その冬、リタは威の家族と共に賑やかなクリスマスを自宅で過ごした。翌年、体調はさらに悪くなっていたが、日本での四十回目の正月を迎えた。

　一九六一（昭和三十六）年一月十七日のことである。静かな雪が降り続いた。

リタは夫の政孝と威・歌子夫婦、それに孫たちに見守られながら、山田町の自宅で、六十四歳の生涯を閉じた。

息を引きとる前に、リタは白い腕を、夫・政孝の膝の上にそっと置いた。

リタの墓は、彼女が好きだった美園の丘の上にある。

政孝はそれから十八年後に没した。今は二人でその丘に眠っている。

リタが亡くなったその年の春、二羽の白い鳥が余市川を翔《と》び立ったという話が、今も残っている。それを見た余市の人たちは、「あれはリタさんだ」と言って見上げたそうだ。

二羽の白い鳥は互いに寄り添うように、余市から北をめざして、翔び立っていった。

文庫版あとがき

二十年前の本が文庫本化される幸運に、戸惑っています。この本は、三年間の取材、一年間の執筆後、書き上げて半年間スリーピングしていたところに、日刊スポーツ整理部長の宮崎憲悦さんとゴルフのある会で同じペアリングになり、そこで歩きながら、「リタの鐘が鳴る」の話になりました。まだ出版先が決まっていない時でした。宮崎さんはふと「ぼくの友人のところを訪ねてみてください。電話を入れておきます」と、朝日ソノラマの編集者・福場昭弘さんを紹介されたのです。

実はこの作品、大手出版社二社に袖にされ、「出版の目はないのかな」と諦めていたところでした。同じイギリスを舞台にした『風の女』を双葉社から出版して二年後のことです。まだ取材したい場所があり、その夏もスコットランドのアバディーンとインバネスへ出かけています。帰国して朝日ソノラマの編集者・福場昭弘さんに、加筆した原稿を届けますと、福場さんは「一級の資料ですね」と、その場で即決されました。「捨てる神あれば拾う神あり」とは、まさにこのことです。

題名は、最初は「リタ」でした。しかし何か物足りず、苦悩しました。「現場に立ってみよう」と、私は余市に入ります。そして美園の丘の墓前に立ち、そこから余市の町を眺めていた時でした。夕方、下の方から、時を告げる鐘の音が聞こえてきたのです。その時に、鐘を鳴らして時間を知らせていたリタさんのことが思い浮かび、そうだ、「リタの鐘が鳴る」と、手帳にメモしたのでした。たった一行のために、お金と時間をかけた喜びを味わうことができました。

もっとも出版されてもベストセラーになる本ではないと思っていましたから、何千人かの読者の目に触れただけでも、救われました。ところが今から五年前に、エジンバラの友人から「リタさんの本、ドラマ化できないですか」と頼まれたのです。私はその世界は無知で、人脈もなく、何ともできません。しかし、「偶然の神様」はいるもので、日本映画撮影監督協会理事で、キノックス社の熊田英明社長から『リタの鐘が鳴る』をドラマ化したいのでＯＫしてほしい」旨の手紙をいただき、エジンバラから帰った十日後に、麴町会館で会ったわけです。

その時シナリオを拝見し、ＯＫを出しました。しかしＮＨＫのコンクールに応じたところ、外されて、プロダクション関係者はがっかりしていました。ところが昨年夏、ミュアフィールドでゴルフの全英オープンを観戦し、その足でスターリング、グラスゴー、さらにインバネスを取材旅行して次の作品の加筆のためＢ＆Ｂのホテルに戻った時です。エジンバラの友人に電話で「あなたたちの方でＮＨＫにアプローチされてはいかがですか。私にはコネクションはないので」といって、別れたのです。

年が明けて、朝日新聞出版の斎藤順一さんから電話をいただくまで、リタさんがモデルのドラマ「マッサン」が朝ドラに決定したことは知りませんでした。前のこともあり、またフライングかな、と軽く受けとめて、そのままにしていたのです。ところが斎藤さんから二度目に電話をいただいたとき「どうも本気らしいな」と予感し、スポーツ紙の芸能面をめくったところ、記者発表の記事があり、納得した次第です。

ですが女主人公の名前がリタではなく、スコットランド地方ではあまり聞かない名前のエリーになっているところが、ちょっと残念でした。これでは場所の余市の地名も出てこないのか、と気になっているところです。

なお、文庫化にあたり、新たな資料が見つかり、加筆訂正しました。文庫本は作品のいわば終点です。前回と多少変わっている点、お許しください。また、次の本を参考にさせてもらいました。お礼申し上げます。

川又一英『ヒゲのウヰスキー誕生す』(新潮文庫)、オリーブ・チェックランド『リタとウイスキー』(日本経済評論社・訳・和気洋子)、森瑤子『望郷』(角川文庫)、竹鶴政孝『ウイスキーと私』、余市教育研究所「余市農業発達史」、計良幸太郎「余市駅及び附近の変遷」、北海道新聞社「北海道の歴史」、佐治敬三『へんこつ なんこつ』(日経ビジネス人文庫)、梅棹忠夫・開高健監修『ウイスキー博物館』(講談社)等々。

取材では次の方にインタビューできました。大阪の芝川又彦さん、西宮の前田（旧姓・芝川）芙美子さん、余市の牛尾元市さん、開業医の菅原英夫博士、スコットランドプロモーション社長の中島千秋さん、宇部の蔵重康子さん、スコットランド・エジンバラの知人他。あらためてお礼申し上げます。

平成二十六年八月

早瀬利之

リタの鐘《かね》が鳴《な》る
竹鶴政孝《たけつるまさたか》を支《ささ》えたスコットランド女性《じょせい》の生涯《しょうがい》　朝日文庫

2014年9月30日　第1刷発行

著　者　早瀬利之《はやせとしゆき》

発行者　首藤由之
発行所　朝日新聞出版
〒104-8011　東京都中央区築地5-3-2
電話　03-5541-8832（編集）
03-5540-7793（販売）

印刷製本　大日本印刷株式会社

Published in Japan by Asahi Shimbun Publications Inc.
定価はカバーに表示してあります

ISBN978-4-02-264746-7
落丁·乱丁の場合は弊社業務部（電話03-5540-7800）へご連絡ください。
送料弊社負担にてお取り替えいたします。

朝日文庫

親が伸びれば子は伸びる
陰山　英男

多くの生徒の学力を飛躍的に伸ばし、独自の教育学「陰山メソッド」を生み出した著者が、最終的に行き着いた、親が「子を幸せにする方法」。

かーかん、はあい
子どもと本と私
俵　万智

母と子で一緒に楽しんだ絵本四八冊を紹介するエッセイ。絵本探しの参考として、また親子のあたたかな時間を描いた本として楽しい一冊。

ツレはパパ1年生
細川　貂々《てんてん》

ツレがうつを克服した途端、結婚一二年目でコドモが生まれ、高齢子育て、主夫とてんてこまい！　くすくす笑って時にホロリのコミックエッセイ。

ツレはパパ2年生
細川　貂々《てんてん》

家事に育児に大奮闘のツレ、一家を支える貂々。おなじみ「ツレうつ」夫婦と一歳になる息子ちーと君を描く育児マンガ第二弾。〔解説・貴戸理恵〕

ツレはパパ3年生
細川　貂々《てんてん》

言葉を覚え、偏食だらけの二歳の息子ちーと君に専業主夫のツレもヘトヘト気味……。反響続々「ツレパパ」完結編！　夫婦の文庫特別対談つき。

てんてんツレの「コマった！」育児
細川　貂々《てんてん》

貂々三八歳、ツレ四三歳、結婚一三年目にして息子誕生！　コマったけれど楽しかった〇歳～三歳の子育ての日々を一コマ漫画に。

下川　裕治／写真・阿部　稔哉

週末ベトナムでちょっと一服

バイクの波を眺めながら路上の屋台コーヒーを啜り、バゲットやムール貝から漂うフランスの香りを味わう。ゆるくて深い週末ベトナム。

チャールズ・M・シュルツ絵／谷川　俊太郎訳／ほしの　ゆうこ著

スヌーピー　こんな生き方探してみよう

なんとなく元気が出ない時を、スヌーピーたちが明るく変えてくれる。毎日がちょっとずつ素敵に変わる方法を教えてくれる一冊。

貴田　庄

原節子　あるがままに生きて

新聞・雑誌に本人が残した数少ない言葉と豊富なエピソード。気品とユーモアに溢れた「伝説の女優」の、ちょっと意外な素顔もあかす名エッセイ。

車谷　長吉

人生の救い

車谷長吉の人生相談

「破綻してはじめて人生が始まるのです」。身の上相談の投稿に著者は独特の回答を突きつける。凄絶苛烈、唯一無二の車谷文学《ワールド》！〔解説・万城目学〕

姜尚中

生と死についてわたしが思うこと

初めて語る長男の死の真実——。3・11から二年、わたしたちはどこへ向かうのか。いま、個人と国家の生き直しを問う。文庫オリジナル。

岸　惠子

私の人生　ア・ラ・カルト

人生を変えた文豪・川端康成との出会い、母親との確執、娘の独立、離婚後の淡い恋……。駆け抜けるように生きた波乱の半生を綴る、自伝エッセイ。

森下　香枝

グリコ・森永事件「最終報告」　真犯人

前代未聞の劇場型犯罪を首謀した「かい人21面相」と、「史上最大の銀行強盗」を、一通の手紙が繋ぐ！　迫真のノンフィクション。〔解説・堂場瞬一〕

朝日新聞取材班

生かされなかった教訓

巨大地震が原発を襲った

福島原発事故発生から一カ月あまりを追った迫真のルポ。柏崎刈羽原発事故を検証した『「震度6強」が原発を襲った』に大幅加筆。

小林　美佳

性犯罪被害にあうということ

二四歳の夏、私は性犯罪被害にあった。加害者への感情、変わってしまった人間関係など、被害の実態を克明に記した勇気のノンフィクション。

筒井　好美／協力・TBSテレビ

ママの声、聞こえるよ

TBSで特集された感涙の手記。がんの手術で声を失っても〝心の声〟で子育てに励む著者。しかし三七歳の若さで旅立つ。〝母子の絆〟を綴った本。

藤井　聡

犬がくれた小さな奇跡

中越地震で二歳児を救出したレスター、飼い主の身代わりに天国に旅立ったランス……犬と人が紡いだ温かい絆とは。愛と感動の物語。

西牟田　靖

誰も国境を知らない

揺れ動いた「日本のかたち」をたどる旅

尖閣諸島、竹島、北方領土へ！　日本人には行けない日本の国境を訪れ、国境問題に振り回され続けている現地の人々の姿を描くノンフィクション。

琥珀色の夢を見る
竹鶴政孝とリタ　ニッカウヰスキー物語

松尾秀助

「イミテーションではダメなんだ。日本人に本物の
ウイスキーを飲んでほしい」
その思いは、やがて世界で評価される最高級の
ウイスキーを生み出した。